多様性を育む大学教育のプラン

国際共修授業

市民教育

国際教育交流

科学技術
コミュニケーション

言語バリエーション

青木麻衣子
AOKI Maiko
・
鄭　惠先 編著
JUNG Hyeseon

批判的思考

フィールドワーク

異文化
コミュニケーション

日本語教育
・
教師教育

アクティブラーニング

明石書店

目　次

はじめに

本書の目的

　国内の留学生数の増加と国外へ留学する日本人学生の増加は、日本の大学の「国際化」を推進し、多様な背景をもった学生間の授業等を通じた交流は、日本でも「国際共修」として注目されている。国際共修授業の特徴は、ひとことで言えば、留学生数を増やすという国の政策的背景に基づき構築された環境を十分に活用し、「内なる国際化（Internationalization at Home）」を実現しようとする点にある。筆者らが勤務する北海道大学でも、2013年以後、留学生と日本人学生がともに日本語で学ぶ国際共修授業である「多文化交流科目」を提供してきたが、授業という半ば強制力を伴った環境で、多様な背景をもった学生間の交流を促す活動は、学生に、各授業で提供される知識や内容とともに、異文化理解力やコミュニケーション力、問題解決力等の「汎用的スキル」の育成を促すものと考えている。

　コロナ禍において、特に短期間の留学プログラムへの参加にブレーキがかかるなか、オンラインでの実施も含め、日本人学生と留学生の協働を前提とする国際共修授業の意義・必要性はますます高まっている。しかしながら、昨年（2021年）1年間、留学生数の確保がままならないなか、オンラインで実施した「多文化交流科目」の提供を通して私たちが考えたのは、「交流」の意義・目的自体に再考を迫る、根本的な問いであった。すなわち、本来、「多様性」を示す特徴の一部である、言語や文化的背景、エスニシティといった違いに基づく「明示的」な「差異」は、国際共修授業の実施にあたって、どこまで必要なのか。また、そのような「差異」を抜きにして、学生間の「異文化」「交流」を促すことは可能なのか。

　本書は、これらの問いに対する答えを模索すべく、多文化交流科目が必要とされた政策的背景についてあらためて整理するとともに、北海道大学で提供している各授業がどのような「多様性」を前提としているのか、現代社会におけ

る価値の「多様化」は、私たちが授業開発の際に基盤とする既存の学問領域にどのような影響を与えているのか、そのような変化および現状を受け、どのように授業設計がなされているのかを提示する。国際共修授業に関してはこれまでにも、実践報告として研究紀要において報告されたもののほか、書籍としてまとめられたものも複数あり、その枠組みや内容については、すでに一定の共通理解があると考えられる。本書は、それらの蓄積を土台として、あらためて、それらの報告・研究が前提としてきた「多様性」の中身や「交流」の意義を、いま一度考えようとする試みである。

　本書が、コロナ禍においてあらためて浮き彫りになった「国際交流」の必要性について、同様の実践をされている方々、またそれに関心をおもちの方、さらには今後留学を考える学生に対し、何らかのメッセージが提供できていれば幸いである。また、不確定かつ不安定な状況が続くなか、大学で学ぶ意味について悩む高校生にも、ぜひ手に取っていただきたい。もちろん、大学で学ぶことだけがすべてではない。でもだからこそ、それまで置かれてきた教育環境に比して、「多様」な学生が集う大学で学ぶことの素晴らしさを、少しでも伝えられたらと思っている。

国際共修授業と本書で再考したい「多様性」について

　近年、大学の国際化に伴う留学生数の急増により、その受け入れのための教育・学習環境の整備が進められている。なかでも、留学生と日本人学生がともに学ぶ「国際共修授業」は、変化の激しい時代を生き抜く若者にとって必要とされる汎用的スキルの育成や、大学の「内なる国際化」の推進に貢献するとして、現在、その意義が広く認められている。

　しかし、留学生と日本人学生の交流の「制度化」については、当初から計画的に進められてきたわけではなかった。そもそも、「留学生30万人計画」では、留学生数の急増を念頭に、宿舎や日本語教育といった環境整備や奨学金等の財政支援の提供に重きが置かれ、留学生渡日後の具体的な生活支援や大学キャンパスおよび日本社会への統合は、各大学や教員個々人の取り組みに多分に委ねられてきた。国際共修授業の先駆けとも言える、留学生対象の日本語や日本事

情の授業に日本人学生の参加を呼びかけ、共通のテーマについて話し合う、互いの文化について紹介し合うといった活動は、まさに教員が個々の授業で実践し、その必要性・意義が、汎用的スキルの育成を求める時代背景と合致し、広く認められるようになっていった活動と言えるだろう。

　筆者らが所属する北海道大学でもそうだが、日本を留学先として選ぶ外国人留学生はそもそも、自身の専門にかかわらず、日本人および日本社会との交流を少なからず望んでいる。近年その数を増やしつつある交換留学生や特別聴講学生といった比較的滞在期間の短い学生は、特にその傾向が強い。また、日本人学生も、留学や国際交流に興味をもつ者を中心に、留学生との交流に意欲はあるものの、部活動やアルバイト等で、なかなか時間をとることができないうえ、GPA（Grade Point Average）制度の導入や授業時数の確保徹底を求める政策動向等により、交流活動等に参加すること自体が難しくなっている。さらに、日本人学生の場合、上記した日本語・日本事情の授業に参加しても、他の国際交流イベント等と同様、基本的には1度もしくは数度のボランティアとしてのかかわりになることが多く、主体的な学びや継続的な関係性の構築には結びつかないといった制約もある。

　そのため、媒介言語をどうするか、どのような実施形態をとるかにかかわらず、留学生・日本人学生の交流を促進するにあたっては、授業というかたちで、ある意味で強制的に関係性を継続させる体制の整備が必要であった。2000年代以後、既存の授業および授業群をもとに、各大学で規模の大小はあるものの国際共修授業の制度化が進められたが、その背景には、このような要因があったと整理できる。末松（2019）の整理に基づけば、現在、国際共修授業は、報告としてまとめられているものだけでも、日本語教育や英語を媒介語とする授業のほか、異文化理解をテーマとするもの、問題解決型・プロジェクト型授業、さらには地域との交流を軸にしたもの等、多岐にわたる内容・形態で提供されている。

　末松ほか（2019）は「国際共修授業」の定義を、以下のように説明する。

　　言語や文化背景の異なる学習者同士が、意味ある交流（meaningful interaction）を通して多様な考え方を共有・理解・受容し、自己を再解釈す

る中で新しい価値観を創造する学習体験を指す。単に同じ教室や活動場所で時間を共にするのではなく、意見交換、グループワーク、プロジェクトなどの協働作業を通して、学習者が互いの物事へのアプローチ（考察・行動力）やコミュニケーションスタイルから学び合う。この知的交流の意義を振り返るメタ認知活動を、視野の拡大、異文化理解力の向上、批判的思考力の習得、自己効力感の増大などの自己成長につなげる正課内外活動を国際共修とする。(p.iii)

　この定義に従えば、国際共修授業とは、取り上げるテーマや実施形態にかかわらず、交流の中身やその結果、獲得・育成されるだろうスキルや態度に、より重きを置いた活動だと言えるであろう。これは、国際共修授業が、多様な背景をもった学習者を対象とし、留学と同様もしくは類似の効果をもたらすものと考えられていることを考慮すれば、当然のことかもしれない。実際、国際共修授業の成果を測る指標には、異文化間能力（intercultural competence）等、「文化」を軸としたスキル・態度等が参照されるが、異なる他者との協働において自明的な差異である「文化」は常に障壁でもあり、だからこそ共修の資源でもある。

　言語・文化的背景や教育・学習歴の異なる学生がともに学ぶ空間では、互いの「差異」に対する気づきや理解はもちろん、その衝突による不安や葛藤が生じることも少なくない。心理学分野の研究では、古くからその教育的価値が認められており、国際共修授業に関する報告でも「文化の揺らぎ」を導くための工夫やその効果が指摘されている（坂本ほか, 2017）。

　しかし、そこで扱われる事例を見ていくと、その多くは、明らかな「差異」を認める、出身国・地域由来の慣習・伝統に関するものであり、人種や年代、社会階級、性的指向といった差異が積極的に取り上げられることは少ない。坂本ほか（2017）も指摘するように、「国籍」の多様性への過度な注目は、その他の多様性への気づきを減じる危険性もある。また、本書の各章で整理・提示するように、グローバル化の進展は、「多様性」の定義自体にも多様化をもたらしていると考えられる。

　「多様性」とはそもそも、「異なるものの集まり」を意味する。近年、「多様

性（diversity）」と聞き、まず思い浮かべるのは、SDGsでも言われる生物多様性や、社会的な関心を集めるLGBTQ、障害やその特性をもつ人々等、いわゆるこれまではマイノリティに括られてきた人々であろう。国際教育交流の分野でも、留学生数の急増や法整備による各大学への対応から、留学期間を問わず、合理的配慮を必要とする学生も増えており、支援のあり方の検討が議題にあがることも増えてきた。

　多言語・多文化国家であるオーストラリアでは、1970年代初頭から、差別禁止法により、さまざまな差異に起因する差別が禁止されてきた。量販店等のチラシでは、肌や目の色が違う人々、いわゆる「モデル体型」とは違うふくよかな人々、さらには障害をもった人々がモデルに起用されているのを当たり前のように目にするし、国営放送の子ども番組にも同様の配慮がなされている。社会の構成員を考えれば、このような「多様性」の表象は当たり前と言えるが、日本ではまだそのような風景を目にするのは稀である。

　今後、社会の多様化がいっそう進むなか、学校・大学においても多種多様な背景をもつ他者とともに学ぶ機会は増えていく。そのためにも、ダイバーシティ・マネジメントの観点から、より現実社会に即した多種多様な差異を包摂し、それらの差異を積極的に活用する実践の開発・実施が求められている。障害やLGBTQ等、配慮の対象とされる差異への対応に、特段の注意が必要であることは言うまでもない。しかし、インクルーシブ教育や「学びのユニバーサルデザイン」の理念にうかがえるように、かれらの差異に寄り添い共有する空間のあり方を見直すこと、またそこから一歩踏み込んで互いに補い合える関係性を構築するため、あえてそれらの差異に焦点を当て、安全にそれらを活用するためのしくみづくりに向けた検討を進める必要があると考える。そのためにも、いまあらためて「多様性」の中身を見直す・考えておくことが重要なのではないだろうか。

本書の構成

　本書は、北海道大学で実践する「多文化交流科目」という授業群を事例に、各学問分野において「多様性」に対する扱いがどのように変化し、かつそれを

題材にどのように授業を組み立てることができるかを検討したものである。

多文化交流科目は、北海道大学で提供する、留学生と日本人学生がともに、原則として日本語で学ぶ、問題解決型・プロジェクト型の授業群である。日本人学生は、全学教育科目・一般教育演習に位置づけられる多文化交流科目を履修するのに対し、留学生は、一部の交換留学生を除き、日本語科目の中・上級科目に位置づけられる同科目を履修する。日本人学生と留学生の間には、日本語を母語とするか否かはもちろん、日本語レベル、また出身地や学年、教育歴等、さまざまな違いがある。多文化交流科目は、先にも言及したように、それらの「違い」を資源として積極的に活用することをねらいとした授業群である。

とはいえ、そもそも「多様性」とは何だろうか、なぜ「多様性」が資源となり得るのか。本書第2〜7章の授業紹介を含む各章前半部分では、「なぜ『多様性』について考える必要があるのか、『多様性』とは何を意味するのか」を、各章担当者が専門とする分野・領域における議論から提示する。そして続く後半部分では、各授業の中で「多様性」をどのように資源としているのかを紹介する。具体的に、第2章では国際交流、第3章では科学技術コミュニケーション、第4章では認知心理学、第5章では社会言語学、第6章ではフィールドワーク、そして第7章では異文化コミュニケーションといった学問分野・領域を取り上げているが、そもそも「多様性」とはあまり関係のない分野や「多様であること」を前提としている分野、また「多様性」に対する見方の変化に多分に影響を受けている分野・領域が含まれる。それぞれの学問分野・領域がとる「多様性」に対するスタンスから、「多様性」の捉え方自体の多様さと難しさとを感じ取っていただければと考えている。

また、授業紹介の前後では、なぜいま「多様性」をあらためて考えることが重要なのかについて、市民性（シティズンシップ）教育、日本語教員養成およびアクティブ・ラーニングの観点から検討する論考を掲載した。今後、ますます「多様化」し、かつ「多様性」の受容が進む社会において、われわれは「多様性」とどう向き合うべきか、また特に教員はそれらをどう扱うべきかを考えてみたい。

なお、本書は授業等での活用を想定し、各章のはじめに、その章を概観する導入文とキーワードを示し、その章でどのようなことを伝えたいのか、考

えたいのかを提示している。また、章末には、本書を手に取ってくださったみなさんに、その章を読み終えた後で考えていただきたいポイントを三つ、ディスカッションのための問いとして用意した。授業等でご活用いただく際に、グループでこれらの課題に取り組んでいただくことを想定している。あわせて、この分野に馴染みはないけれども興味をもってくださった方々のために、さらなる学びへの招待となるよう、ブックリストも掲載している。参考にしていただければ幸いである。

引用文献

・坂本利子・堀江未来・米澤由香子(編著)（2017）『多文化共修——多様な文化背景をもつ大学生の学び合いを支援する』学文社
・末松和子（2019）「国際共修の検証——文献リサーチを通して見えてくるもの」『ウェブマガジン　留学交流』Vol.95，pp.1-12
・末松和子・秋庭裕子・米澤由香子(編著)（2019）『国際共修——文化的多様性を生かした授業実践へのアプローチ』東信堂

第1章 多様性と教育
——市民教育の視点から考える

永岡悦子

持続可能な社会を目指したSDGsでは、国籍や障害、貧富の差などを乗り越えて、あらゆる人々が教育を受け、社会参加ができるようになることが世界の目標として掲げられています。そのような潮流の中で、そもそも人々のもつ多様性とは、どのように分類・説明できるのでしょうか。多様な人々が活躍できる社会には、どのような教育や制度が必要でしょうか。日本の教育政策を振り返りながら、多様性を活かした社会づくりについて、考えてみましょう。

🔑 キーワード

ダイバーシティ　SDGs　アクター　市民リテラシー　ダイバーシティ・マネジメント

はじめに

　2008年に策定された、2020年までに30万人の外国人留学生数の受け入れを目指すという「留学生30万人計画」の政策のもと、教育や経済・社会グローバル化が進展し、外国人留学生数は2019年度の統計で31万2214人となり、過去最高を記録した（JASSO, 2021a）。それが2019年末からの新型コロナウイルスの感染拡大で、「人と会う」という、それまで当たり前とされてきた常識が大きく覆される事態となった。世界的に海外への渡航や入国が制限され、直接的な交流手段が閉ざされた中で、代替手段としてオンラインツールを介しての交流が大きな役割を果たすようになり、大学教育の内容や方法の大きな転換点となった。教育現場においては、学生の国籍・言語のみならず、滞在先の時間や場所、学生のインターネットやパソコンの有無といった学習環境や学習スタイル、基礎疾患の有無や心理的・身体的な状態まで、対面授業であった場合以上に多様な条件に直面することになった。個人レベルの事情のみならず、それぞれの国の感染対策や出入国制限、経済対策など国家レベルの政策にも方針の違いが表れ、留学生教育は大きな制限を受け、2022年に入っても影響は続いている。本書は、主として大学における留学生教育と国際交流を念頭に「多様性」をもつ学生たちとの「交流」の促進を目指したものであるが、あらためて「多様性」の意味や範囲について考え、その教育の意義について考えてみたい。

1. 多様性とは何か

　「多様性」とは、"Diversity"の訳語であり、「ダイバーシティ」とも表記されるが、国籍や人種、性別をはじめとし、人のもつさまざまな属性の分類を指す用語である。谷口（2005: 41）は、表層的あるいは深層的かどうかによって、ダイバーシティを二つのカテゴリーに大別している。表層レベルは目に見えて識別可能で、人口統計学上の区分による特性が容易に観察され、測定できるものであり、性別や人種・民族、年齢などがあげられる。深層レベルは、概観的に判別可能なものではなく、パーソナリティ、価値、態度、嗜好、信条などと

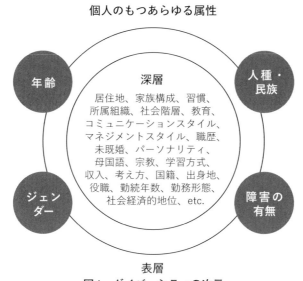

図1　ダイバーシティの次元

出所：谷口（2005: 42）をもとに作成。

いった心理的な特性などが含まれる。専門分野、学歴、職歴、考え方、価値観など、個人の内面の属性の多様性である、としている。

　さらに、谷口（2005: 43）は、「何がパフォーマンスにとって重要なのか、どんな理論を用いているのかによってダイバシティの焦点のおき方が異なる」と述べ、以下の三つの主要な焦点をあげている。

①社会的な相違：際立ったソーシャル・カテゴリーを反映した相違、アイデ
　　ンティティグループ間の相違に焦点を当てる
②文化的な相違：多様な国籍や民族の文化的な違いに焦点を当てる
③認知・職務の相違：職務に関連した知識、スキル、経験だけでなく、情報
　　入手法や知識の獲得の仕方に焦点を当てる

　谷口（2005）の論考は、企業を中心とする組織における人材の多様化を図る観点から論じているものであるが、教育においても応用できるものである。職

務経験や収入、働き方や未既婚といった項目は一見学生とは関連が薄いように見えるが、学生の保護者に関する情報として家庭環境を考えるうえで重要な要素であり、またアルバイトなどをして働きながら学ぶ私費留学生にとっては、労働環境は学習環境と同様に留学生活の大きな割合を占める部分であり、学習に与える影響が大きい要素であると言えよう。さらに谷口（2005: 43-44）は、ダイバーシティを考えていくうえでの重要な要素として、次の3点を指摘している。第一に、ダイバーシティの次元は一人の人間について複数存在する点である。一個人にもさまざまな属性が内在し、人格や個性が形成されていると言える。第二に、ダイバーシティは、時間とともに変化する点である。特に深層的なレベルに言えることであり、価値観、考え方は、経験を重ねるにつれて変化する。他方、表層的なレベルはほとんど変化せず、唯一時間的に変化するものは年齢であるとしている。しかし、近年、ジェンダーギャップの問題などに変化する可能性があるものも出てきており、検討の余地もあるかもしれない。また、表層のレベルの一つである障害の有無など身体的・精神的な特性も長期的には変化すると考えられる。第三に、表層的なレベルの影響で本人と他者ではダイバーシティの受け取り方が異なる点である。

　以上、多様性の捉え方について見てきたが、その範囲や分類はまさに多様に展開されるものであり、さらに時間、経験、立場などさまざまな条件によって変化し得るということを、教育上の観点からも確認しておきたい。

2．多様性と大学教育の事例

2-1．多様性と留学生政策

　多様性が日本でも注目されるようになったのは、少子高齢化により労働力人口の減少が懸念され始めた2000年前後からであると言われている（谷口, 2016: 6）。1985年に制定された男女雇用機会均等法や、1986年に制定された労働者派遣法の6度の改正によって、従来の男性正社員中心の人員編成から、多様な働き方をする人材が急速に増えることが予想された時期にあたる。さらに、顧客市場や生産拠点のグローバル化など経済のグローバル化の影響や、日本のジェンダーギャップ指数などに対する世界機関をはじめとした海外からの圧力

も関係していると述べている。

　このようなグローバル化と少子高齢化は、教育の多様性にも大きな影響を与えた。教育の多様性としてまずあげられるのが、外国人留学生を中心とする国際交流や学術交流であろう。日本の留学生教育が大きく進展した契機となったのは、1983年に策定された「留学生10万人計画」である。これは21世紀の初頭までに、当時のフランスと同程度の10万人の留学生を受け入れ、アジアを中心にした発展途上国の人材育成に協力することを目的に掲げられたものである。しかしそれだけでなく、政策の背景には18歳人口減少に伴う高等教育への学生補充という意図があり、横田・白土（2004: 25）は、「留学生10万人計画」は「途上国援助モデル」と「高等教育の学生定員確保モデル」とが共存したものであると述べている。留学生数が2003年に10万人に達すると、2008年には「留学生30万人計画」が策定され、「2020年を目途に留学生数を30万人とすることを目指す」という目標が明記された。バブル経済崩壊後、日本経済が低迷する一方、ASEAN（東南アジア諸国連合）諸国を中心としたアジア新興国の社会と経済が急成長し、グローバル化が進む中で、世界から優秀な人材を集め、国際競争力の強化という観点から留学生政策が展開されるようになった。

2-2. 多様性と障害者施策

　留学生教育のほか、教育の多様性の軸となる大きな柱に障害をもつ学生との共存があげられる。これも、グローバル化の影響を受けて拡充されてきた領域の一つである。障害をもつ人に対する多様性への配慮としては、1994年にユネスコ・スペイン政府共催の「特別なニーズ教育に関する世界会議：アクセスと質」で採択された『サマランカ声明』でインクルーシブ教育の重要性や個に応じた適切な指導方略の採用、多様なサービスの提供が掲げられたことが多様な学習者の受け入れに大きな影響を与えた（石橋, 2020: 99）。さらに、2007年に日本政府が国連の障害者権利条約に署名したことにより、特別支援教育が始まり、2014年に障害者権利条約が批准・発行したことを契機に、国の体制整備が本格化した（宇野, 2020: 6）。2016年4月からは「障害者差別解消法」が施行され、障害のある学生に対する支援や合理的配慮が国公立大学には義務づけられ、私立大学にも努力義務として課せられるようになった。「障害により修

学に特別の支援を必要とする学生等に対する支援」に関する事業も担っている日本学生支援機構（JASSO）では、大学等における障害のある学生に対する支援環境の整備・充実を図るため、2006年に「障害学生修学支援ネットワーク事業」を立ち上げ、積極的に取り組みを進めている九つの大学を「拠点校」とし、全国の大学等の障害学生修学支援担当者からの相談に応じる等の事業を行っている[1]。さらに2015年に「障害のある学生への支援・配慮事例」を公表するなどして、障害のある学生の就学支援の普及を進めている。

　日本の高等教育機関における障害のある学生の在籍状況は2006年には4937人であったが徐々に増え続け、2015年には2万1703人と2万人を突破して2019年に過去最高の3万7647人となった。だが、新型コロナウイルスの感染が拡大した2020年度は3万5341人と減少している（JASSO, 2021b）。基礎疾患のある学生が体調の悪化を恐れて勉学の継続を断念したり、オンライン授業の導入によって直接的な交流が途絶えたことが原因で精神的に不安定な症状を発症したりして、学習が困難になるなどの事例も報告されている。コロナ禍はグローバル化のリスクの一つとも言えるが、リスクを管理・支援しながら多様性を維持し、教育の機会を保障していくことも、今後の大きな課題と言える。

3．多様性と市民教育

3-1．多様性とSDGs

　これまでに外国人留学生、そして障害のある学生の例を見てきたが、教育には考慮すべき多様性がそのほかにもある。2015年9月の国連サミットで採択された「持続可能な開発のための2030アジェンダ」は、2030年までに持続可能でより良い世界を目指す国際目標である。その持続可能な開発目標（SDGs: Sustainable Development Goals）として掲げられた17のゴールのうち、4番目のゴールとして、目標4「すべての人々に包摂的かつ公正な質の高い教育を確保し、生涯学習の機会を促進する」が設定されている。これは、「2030年までに、教育におけるジェンダー格差を無くし、障害者、先住民及び脆弱な立場にある子どもなど、脆弱層があらゆるレベルの教育や職業訓練に平等にアクセスできるようにする」ことと述べられ、多様性に配慮しながらすべての人に、教育の

機会を保障することを目指している（国連総会・外務省, 2015）。大学をはじめとする高等教育機関においても、SDGsへの取り組みは大学の評価にかかわる重要な要素となっている。イギリスの高等教育専門誌 *Times Higher Education*（THE）が作成している世界の大学ランキング「THE インパクトランキング2021」において、SDGsの枠組みを使って可視化するランキングにSDGs総合ランキングの対象となった1117校のうち日本の大学は75校であった。「SDG9（イノベーション）」（7.7％改善）をはじめ、「SDG12（生産・消費）」「SDG15（陸上資源）」などで評価が高い一方、「SDG4 質の高い教育をみんなに」「SDG5 ジェンダー平等を実現しよう」については、100位以内にランキングされた日本の大学はなかったということである（THE世界ランキング日本版, 2021 HP）。SDGsの取り組みは盛んになっているが、すべての人々に対して教育の機会を保障するためには、さまざまな多様性を考慮した改善が必要である。

　日本の初等・中等教育においても、中央教育審議会が2021年に示した「『令和の日本型学校教育』の構築を目指して」という答申の中で、その方向性の1番目に「学校教育の質と多様性、包摂性を高め、教育の機会均等を実現する」があげられ、多様性への配慮の必要性を示している。具体的には、いじめなどの生徒指導上の課題の増加、外国人児童生徒数の増加、通常の学級に在籍する発達障害のある児童生徒、子どもの貧困の問題等により多様化する子どもたちに対応して個別最適な学びを実現しながら、学校の多様性と包摂性を高めることが必要であると述べられている（中央教育審議会, 2021: 24）。

　学校教育には、多様化が進む日本社会の現状が反映されている。グローバル化が進み、ヒト、モノ、カネが従来の国家の枠組みを超えて活発に移動する中で、学生自身や親の国籍・人種が異なる場合のほか、トランスジェンダー、発達障害など多様なルーツや特性をもつ人々との交流が増加した。モノや情報量、そして文化が豊かになり、さらにデジタル化も相まって活動範囲が広がり、社会が活性化している。その一方で、経済的な格差の拡大や、虐待やひとり親家庭など家庭環境の複雑化で、特に子どもや障害者など社会的な力が弱い人々を中心に、一人ひとりの教育の機会を保障することが難しい局面も生じている。

3-2. 多様性と市民教育

　このような複雑化した社会の中で生き抜くために、一人ひとりの人間がそれぞれの特性を活かして社会参加できるように教育を受け、その特性を発揮できる場をもてるようにすることが必要であろう。また、他者の特性も認めながら相互に尊重し、個人的に助け合うだけにとどまらず、組織的に支援が行き届く社会を構築していくことが重要である。このように問題意識をもち、「自らの意思、動機づけに従って行動する個人」は、言語政策論では「アクター（actor）」＝「行為主体」と訳される。一方、社会の中で、「与えられた課題を遂行する個人」は「エージェント（agent）」＝「代理人」と呼び、自らの意思によって行動するアクターと区別して論じられている（福島, 2012: 22）。今後もさらに多様化が進む社会の中を生きていく力を養い、さまざまな価値観を尊重しながら新たな社会を築くためには、「アクター」を育成することが重要な課題となる。

　個々のアクターに社会参加を働きかける教育方法の概念として、近年、「市民教育」の重要性が指摘されている。鈴木ほか（2005: 11-12）によれば、「市民」とは、自分が社会における存在であることを自覚しているか、自覚しておらずとも社会的な存在として行動している個人のことを指す。もともと「市民」と「市民性」という言葉と概念は、紀元前5世紀のギリシャに起源をもっている。デモクラシー（democracy）は日本語で民主主義と訳されるが、これはギリシャ語のデモクラチア（demokratia）、すなわち demos people（人民）と kratos rule（支配）の合成語で、人民による支配（Rule by the people）という意味となる。デモクラシーは、ある政治的平等をもつ人々によってつくられた集団としてのまとまり（都市国家）とその政治体制（政府）、すなわち人々による支配を実現する執行体制を指している。このように市民や市民による政治体制の概念は紀元前まで遡ることができる（鈴木ほか, 2005: 26）。

　鈴木ほか（2005: 19）では、「市民」は、単に社会的問題意識をもっているだけではなく、自分や自分の住む地域社会や市民に愛着をもち、もっているがゆえにパブリックにかかわり、それを良くしたいと考えることが望まれると述べている。図2のように、「市民」も、パブリックを担う重要なアクターである

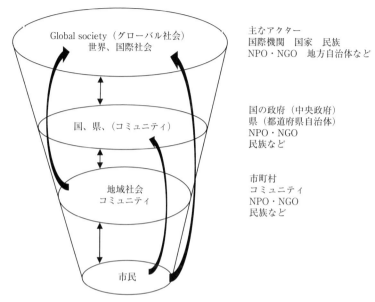

主なアクター
国際機関　国家　民族
NPO・NGO　地方自治体など

国の政府（中央政府）
県（都道府県自治体）
NPO・NGO
民族など

市町村
コミュニティ
NPO・NGO
民族など

図2　さまざまな社会のレベルと主なアクター

出所：鈴木ほか（2005）表表紙カバーの図をもとに作成。

と考えられている。鈴木ほか（2005: 19）は、各個人が、自分の存在する社会を理解し、自分の役割を理解し、必要とされる情報、スキルや素養を身につけ、自覚的な「市民」になることが必要であると述べ、その身につけるものの総体を「シチズン・リテラシー」と呼んでいる。

　宮崎（2011）でも、多文化社会における市民の育成において、課題を遂行する個人として無意識な代理人（agent）から、自らの意思や動機づけに従って自覚的に役割参加をする行為主体（actor）に変容させていくために、「市民リテラシー」の重要性が指摘されている。さらに鈴木ほか（2005）は、20世紀後半から急速に進展したグローバル化により、国境を越えた人やモノ、金の動き、多文化・多民族市民社会が発展すると、従来の国家の枠組みだけでは捉えられないものの意味が高まり、現代ではグローバルな認識をもった「地球市民」としての意識が求められていると述べている。鈴木ほか（2005: 49）は、人間は生まれながらにどこかの国に属した存在ではあるが、多文化・多民族社会に暮ら

し、グローバル社会を生きるために、19世紀的「国民」意識に囚われた市民意識を超えた「地球市民」としてさまざまな社会に関心を寄せ、その解決に向かって努力することが求められている、と指摘する。「地球市民」としての教育は、「地球市民教育」あるいは「グローバル・シティズンシップ教育（Global Citizenship Education: GCED）」とも呼ばれている。

　日本ユネスコ国内委員会・文部科学省（2015 HP）によれば、GCEDとは、「教育がいかにして世界をより平和的、包括的で安全な、持続可能なものにするか、そのために必要な知識、スキル、価値、態度を育成していくかを包含する理論的枠組み」のことであり、GCEDの教育目標は「学習者が国際的な諸問題に向き合い、その解決に向けて地域レベル及び国際レベルで積極的な役割を担うようにすることで、平和的で、寛容な、包括的、安全で持続可能な世界の構築に率先して貢献するようになることを目指すもの」と紹介されている。国連では、1948年に採択された「世界人権宣言」をはじめとするさまざまな人権と教育に関する宣言や勧告と関連づけてGCEDを推進している。特に「持続可能な開発のための2030アジェンダ」では、目標4「すべての人に包摂的かつ公正な質の高い教育を確保し、生涯学習の機会を促進する」のテーマのもとに構成された10個のターゲットのうち、7番目のターゲットとして「2030年までに、持続可能な開発のための教育及び持続可能なライフスタイル、人権、男女の平等、平和及び非暴力的文化の推進、グローバル・シチズンシップ、文化多様性と文化の持続可能な開発への貢献の理解の教育を通して、全ての学習者が、持続可能な開発を促進するために必要な知識及び技能を習得できるようにする」と明記され、取り組みが強化されているものの一つである（国連総会・外務省. 2015）。GCEDの理念に基づく取り組みとしては、教育による暴力的過激主義の防止、ホロコーストとジェノサイドに関する教育、教育における言語、そしてグローバル・シティズンシップを通じた法の支配の促進があげられている（UNESCO HP）。

　ユネスコ（UNESCO, 2015 HP）では、GCEDで育成する能力として、さまざまな世界の問題に対する「Cognitive（認知）」と、価値観と責任感を分かち合える「Socio-emotional（共感・連帯）」、さまざまな世界のレベルでの効果的で責任ある「Behavioural（行動）」という3つの次元を提案し、主に初中等教育

の学年を目安に議論すべきトピックや目標を *Global Citizenship Education: TOPICS AND LEARNING OBJECTIVES* の中でまとめている。

3-3. 多様性と日本の教育施策

　以上のように、国連やユネスコを中心にGCEDを通じて世界的な課題にともに取り組み、多様性への理解を育むことへの教育的価値が認められる。一方、日本語を母語とする日本人がマジョリティを占める日本の社会においては、国家の成り立ちや人々の意識も異なるため、福島（2015: 40）が「日本においては、（中略）シティズンシップの構造自体を意識化しにくいため、一層の困難があると思われる」と述べているように、欧米と同様に進めていくことが難しい面があることも事実である。

　日本の市民教育について長沼（2003: 55-57）は、中学・社会科、高等学校・公民科（現代社会、倫理、政治・経済）が市民教育に類似するものであるが、特に日本の高等学校の「公民科」は、各国の市民教育の教科の内容に最も近いと述べている。旧来は、中学校・社会科の公民的分野を基礎にして、国際社会、民主主義、経済活動、政治のしくみ、倫理など、多様な題材を学習しても、調査とコミュニケーションのスキルの育成、あるいは地域社会への参加やかかわりなどに関する体験的な学習内容はあまり扱われていなかった（長沼, 2003: 55-57）。しかし、国際社会の変化や、2015年6月に選挙権年齢を満18歳以上に引き下げる公職選挙法等の一部を改正する法律が成立、翌年6月に公布されたことから、新たに有権者となる若者に対する政治的教養を育むため、日本の学校教育でも小学校・中学校の社会科、高等学校の公民の中で、政治、経済、社会のしくみや主権者としての政治参加のあり方などの学習による市民性の育成が意識されるようになっている。また、道徳教育やキャリア教育において、市民性や社会性を高める取り組みも盛り込まれるようになった。特に、2022年の高等学校学習指導要領の改訂を機に、新たに「公共」が必修科目として導入された。その目標として、「人間と社会の在り方についての見方・考え方を働かせ、現代の諸課題を追究したり解決したりする活動を通して、広い視野に立ち、グローバル化する国際社会に主体的に生きる平和で民主的な国家及び社会の有為な形成者に必要な公民としての資質・能力を育成することを目標としている」

と掲げられ（文部科学省, 2018: 27）、市民教育が大きく進むことが期待されている。

　その他、ユネスコ憲章に示された理念を学校現場で実践するため、国際理解教育の実験的な試みを比較研究し、その調整を図る共同体として発足したユネスコスクールに加盟している幼稚園、小学校・中学校・高等学校および教員養成系大学において、GCEDや「持続可能な開発のための教育（Education for Sustainable Development: ESD）」の教育実践や教材開発などへの取り組みも行われており、教育環境に合わせて「市民」「地球市民」としての意識を養成する試みが広がってきている（ASPnetユネスコスクール HP）。

3-4. 市民教育の公共性と多様性

　さらに、日本という国家のレベルの視点から、学習者や居住する地域の教育環境、学習者それぞれが必要とする教育内容の多様性を追求すると、「市民」や「地球市民」という意識は、同じ理念に根差しながらも、教育方法や実際にとる行動、個人の抱く意識の範囲や重点の置き方などは個々のもつ価値観によって少しずつ異なってくるとも考えられる。宮崎（2011: 95）は言語政策の立場から、日本語教育における「市民リテラシー」について「市民が目標言語の外言的なインターアクション問題の解決に関わるだけではなく、共通の価値観を内言化し、社会で役割参加するプロトコルを設定する上で不可欠な公共的教養」と定義し、社会に参加する誰もが身につけておくべき公共的教養であると述べている。齊藤ほか（2021: 29）は、さらに具体的に「社会で生きる人達が、お互いに、日本語での言語的な問題解決に取り組むだけではなく、価値観の違いを自覚・理解し、共通の価値観を持って、共に居心地が良い多文化共生社会を創るために、個々人が身に付けておかなければならないものが『市民リテラシー』である」と再定義している。SDGsやグローバル・シティズンの目標や、学校教育の中での学習項目は公共的教養であり、「市民リテラシー」の一部であると言える。そのうえで、齊藤ほか（2021: 29-30）は「『市民リテラシー』を発揮するとは、市民が各々の能力や環境、支援を必要とする人との関係性に応じて、無理のない範囲で、支援が必要な人を助ける行為を行うことである。日本語非母語話者の日本語能力が一人ひとり異なるように、抱える困難も状況により異なり、その周囲にいる市民の能力もさまざまで、唯一の解決方法はな

い。状況に応じて『市民リテラシー』を発揮するためには、社会を構成する個々人が『市民リテラシー』を養成しておく必要がある」と述べている。「市民リテラシー」は誰にとっても必要なものであるが、すべての人が固定的・統一的なものを身につけているというよりは、多様性をもった人々がそれぞれの問題解決に必要なものを多様なかたちで「市民リテラシー」を備え、それを発揮する必要性を指摘している。齊藤ほか（2021）では、特に通常では支援の行き届きにくいアウトリーチ[2]型支援が必要な環境、たとえば外国人介護福祉士や看護師、少年院や刑務所の外国人受刑者なども視野に入れながら、「市民リテラシー」の必要性と多様性を説いている。市民教育はすべての人々に必要であり、それを学ぶ権利と機会を保障する必要がある。それには、政府をはじめとするマクロなアクターが政策として公共的に支援を進めていくことが求められる。一方で、現実社会で求められる「市民リテラシー」は多様であり、公共教育ではすべてを学ぶことは難しいとも言える。まず自分たちが所属する共同体をより良くするためには何が必要かという、ミクロなレベルにおける問題意識をもって行動を積み重ねていくことが、「市民リテラシー」の育成の第一歩であり、やがてマクロなグローバル・シティズンシップに発展するきっかけになるのではないかと考えられる。

おわりに——多様性を活かした社会に向けて

　以上、主として日本の教育における多様性と、多様性を受け入れる社会を形成するためには市民教育の必要性があることを述べた。まとめとして再度多様性と教育における意義について考える。

　企業の多様性と組織研究の観点から、谷口（2005: 257-258）は、「ダイバシティ・マネジメントとは、人材のダイバシティを用いてパフォーマンスを向上させるマネジメント手法である。そのために多様な人材を組織に組み込み、パワーバランスを変え、戦略的に組織改革を行う」と定義し、「パワーバランス」を変えることで組織の本質を変えることが、核心であると説明している。そして、広義のダイバーシティ・マネジメントとは、「『抵抗』、『同化』、『多様性尊重』、『統合』の五つのパラダイムをすべて含む活動を言う」とし（谷口, 2005:

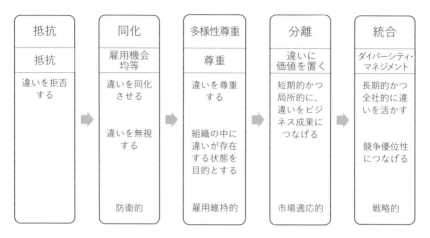

抵抗	同化	多様性尊重	分離	統合
抵抗	雇用機会均等	尊重	違いに価値を置く	ダイバーシティ・マネジメント
違いを拒否する	違いを同化させる	違いを尊重する	短期的かつ局所的に、違いをビジネス成果につなげる	長期的かつ全社的に違いを活かす
	違いを無視する	組織の中に違いが存在する状態を目的とする		競争優位性につなげる
	防衛的	雇用維持的	市場適応的	戦略的

図3 ダイバーシティに対する企業行動

出所：谷口 (2005: 257) をもとに作成。

254)、五つのステージを経て、ダイバーシティを活用することで「競争優位性」をもたらしている企業こそがダイバーシティ・マネジメントに取り組んでいると言える、と述べている（谷口, 2005: 256）。谷口（2016: 7）は、現在の日本企業の多くは、多様性は認めていても、ビジネスの価値については不明確な「多様性尊重」にとどまっている、と指摘する。単に女性や外国人といったマイノリティのパワーを獲得するだけでなく、その先の「分離」「統合」まで至ってはじめて多様性を戦略的に活用するダイバーシティ・マネジメントと呼べるようになる、と述べている。

　大学においても外国人留学生や障害のある学生を中心にマイノリティの受け入れは政策的に進められてきたが、マイノリティの学生を活用し、新たな組織として競争優位性が生み出されているかというと、そのような例はまだ多くないのではないであろうか。ダイバーシティが単にSDGsの目標を達成するための数合わせに終わってしまわないように、ダイバーシティ・マネジメントを目指して引き続き努力が必要である。

　大学教育との関連性を考えると、大学は社会に出る前の準備期間として、学生の「市民」としての意識を高めるために積極的にダイバーシティ・マネジメントを進めるべきであり、市民教育を実施するべきである。2022年2月24日

に日本経済新聞朝刊に掲載された「ポストコロナの学び舎づくり」をテーマに、ジャーナリストの池上彰氏と3名の私立大学学長で行われたパネルディスカッションの記事[3]の中で、ポストコロナの大学に必要なものとして、デジタルトランスフォーメーション（DX）を活用して、多様な国々や世代の価値観を学び、ダイバーシティを尊重すること、そして働き方改革を通じて教員が教育や研究に専念できるような環境を整える手段としてダイバーシティ＆インクルージョンに取り組むことがあげられていた。日本では、グローバル化と社会の人口動態の変化を契機に、ダイバーシティが推進されてきた。特に大学教育におけるダイバーシティとしては、外国人留学生や障害のある学生の受け入れを軸としながら、社会人に対するリカレント教育や女性や外国人研究者の活用などが進められている。感染症や災害、断続的に発生する地域や国際紛争の発生という、リスクの尽きない現実世界の中で、デジタル化の活用は場所や時間を超えて多様な交流を行ううえで欠かせない強力なツールとなった。その反面、デジタル化に対応できる者とできない者との格差の拡大や、フェイクニュースの拡散やサイバーテロといった社会を脅かす危機を招くリスクとも常に背中合わせになるという諸刃の剣でもある。文部科学省の「GIGAスクール構想」に基づく、学生1人に1台のデジタル端末を与える政策は、コロナ禍でのオンライン授業の必要性から広く普及した。それに伴い、「デジタル技術の利用を通じて、社会に積極的に関与し、参加する能力」という「デジタル・シティズンシップ」という新たな概念も生まれており、今後の市民教育においてより重要性が増していくことと考えられる（豊福, 2021）。

　環境問題、人権問題など、現代社会の問題は多岐にわたりかつ複雑化している。自国の利害を考えていればいいという時代は終わり、自然や植物、動物を含む地球全体を視野に入れて行動する必要性が高まっている。SDGsの担い手を育成する「持続可能な開発のための教育（ESD）」では、現代社会の問題を自らの問題として主体的に捉え、人類が将来の世代にわたり恵み豊かな生活を確保できるよう、身近なところから取り組む（think globally, act locally）ことで、問題の解決につながる新たな価値観や行動等の変容をもたらし、持続可能な社会を実現していくことを目指している。複雑な社会の中で、われわれ一人ひとりが社会のために行動できる自覚的なアクターとなり、さらに多様な人々と協

力しながら、できることから問題解決に取り組めるよう努力し、行動していくことが重要であろう。大学には、多様性をもった人々が集まる場として、さらに多様性を教育研究する場として、地域社会の中での市民教育の拠点となり、いっそうの重要な役割を担うことが求められている。

🧠 考えてみよう

1. 「多様性」と聞いて、思い浮かぶこと・ものをあげてみよう。そして、それはどのように分類できるか、考えてみよう。
2. 学校の中には、どのような「多様性」があるだろうか。すべての人が質の高い教育を受けるためにはどうすればよいか、考えてみよう。
3. 「多様性」を活かした社会にするには、どのようなことに配慮し、制度や環境を整備すればよいか、考えてみよう。

📖 ブックリスト

1. 有田佳代子・志賀玲子・渋谷実希（編著）(2018)『多文化社会で多様性を考えるワークブック』研究社
2. 荒金雅子 (2013)『多様性を活かすダイバーシティ経営　基礎編』日本規格協会
3. 鈴木崇弘・上野真城子・風巻浩・成田喜一郎・中村美恵子・村尾信尚・福岡政行・川北秀人・細野助博・島広樹（編著）(2005)『シチズン・リテラシー』教育出版
4. 原佐知子（著），井筒節・堤敦朗（監修）(2021)『10代からのSDGs──いま、わたしたちにできること』大月書店
5. 村中直人 (2020)『ニューロダイバーシティの教科書──多様性尊重社会へのキーワード』金子書房

注記

1　現在、札幌学院大学、宮城教育大学、筑波大学、富山大学、日本福祉大学、同志社大学、関西学院大学、広島大学、福岡教育大学の9大学が拠点校となっている（内閣府, 2012）。

2　アウトリーチ（out reach）とは、「外へ手を差し伸べる」という意味で、「アウトリーチ型支援」とは、支援の必要性がありながら、その声をあげられない領域に支援者が出向き、支援が必要な人に支援を行うことを指す（齊藤ほか, 2021: 28）。

3　2022年1月31日に、日本経済新聞社の主催で行った、大学改革シンポジウム「ポストコロナの学び舎づくり」に関する記事による。ジャーナリストの池上彰・東京工業大学特命教授と仲谷善雄・立命館大学学長が大学の危機対応について対談した後、大沢敏・金沢工業大学学長、各務洋子・駒沢大学学長を加え、4名でパネルディスカッションが行われた（日本経済新聞, 2022）。

引用文献

・石橋由紀子（2020）「国際的な動向を踏まえたわが国のインクルーシブ教育とは」宇野宏幸・日本LD学会第29回大会実行委員会（編著）『学びをめぐる多様性と授業・学校づくり』金子書房，pp.98-106

・宇野宏幸（2020）「これからの学び、学校の未来と発達障害——欧米と日本の文脈をめぐって」宇野宏幸・日本LD学会第29回大会実行委員会（編著）『学びをめぐる多様性と授業・学校づくり』金子書房，pp.2-26

・国連総会・外務省（2015）「我々の世界を変革する：持続可能な開発のための2030アジェンダ」（外務省仮訳）

・齊藤真美・奥村恵子・芹川佳子・中野玲子・永岡悦子・山下千聖・宮崎里司（2021）「アウトリーチ型日本語教育支援のための市民リテラシーとその育成を考えるワークショップ」早稲田大学日本語教育学会2021年秋季大会予稿集，pp.28-31

・鈴木崇弘・上野真城子・風巻浩・成田喜一郎・中村美恵子・村尾信尚・福岡政行・川北秀人・細野助博・島広樹（編著）（2005）『シチズン・リテラシー』教育出版

・谷口真美（2005）『ダイバシティ・マネジメント——多様性をいかす組織』白桃書房

・谷口真美（2016）「今、私立大学に求められるダイバーシティ・マネジメントとは」『BILANC』Vol.9，私立大学退職金財団，pp.6-9

・中央教育審議会（2021）「『令和の日本型学校教育』の構築を目指して——全ての子供たちの可能性を引き出す、個別最適な学びと、協働的な学びの実現」（令和3年1月26日）

・豊福晋平（2021）「安心安全な利活用とデジタル・シティズンシップ教育」（文部科学省

2021年8月30日）GIGAスクール構想に基づく1人1台端末の円滑な利活用に関する調査協力者会議資料
・内閣府（2012）『平成24年版障害者白書』
・長沼豊（2003）『市民教育とは何か――ボランティア学習がひらく』ひつじ書房
・日本学生支援機構（JASSO）（2021a）『2020（令和2）年度外国人留学生在籍状況調査結果』
・日本学生支援機構（JASSO）（2021b）『令和2年度（2020年度）大学、短期大学及び高等専門学校における障害のある学生の修学支援に関する実態調査結果報告書』
・日本経済新聞（2022）「人間力を社会で磨く　大学改革シンポジウム『ポストコロナの学び舎づくり』学生の心のケア必須」（2月24日朝刊特集記事）
・福島青史（2012）「社会参加のための言語教育――多元的社会における言語政策とアイデンティティ管理のために」早稲田大学大学院日本語教育研究科博士学位申請論文
・福島青史（2015）「『共に生きる』社会形成とその教育――欧州評議会の活動を例として」西山教行・細川英雄・大木充（編）『異文化間教育とは何か――グローバル人材育成のために』くろしお出版, pp.23-41
・文部科学省（2018）「第2章　公民科の各科目　第1節　公共　1　科目の性格と目標」『高等学校学習指導要領（平成30年告示）解説　公民編』, pp.27-34
・文部科学省（2021）「令和3年度JASSO障害学生支援理解・啓発セミナー　障害のある学生の修学支援について」（講演資料）文部科学省高等教育局学生・留学生課
・宮崎里司（2011）「市民リテラシーと日本語能力」『早稲田日本語教育学』第9号, pp.93-98
・横田雅弘・白土悟（2004）『留学生アドバイジング――学習・生活・心理をいかに支援するか』ナカニシヤ出版

インターネット資料
・ASPnetユネスコスクール「ユネスコスクールについて」　https://www.unesco-school.mext.go.jp/aspnet/（2022.03.04アクセス確認）
・外務省「SDGsとは？」　https://www.mofa.go.jp/mofaj/gaiko/oda/sdgs/about/index.html（2022.03.04アクセス確認）
・THE世界ランキング日本版（2021）「大学の社会貢献力がわかる！【THEインパクトランキング2021】日本の大学のランクイン状況は？」（更新日：2021年06月24日）　https://japanuniversityrankings.jp/topics/00190/index.html（2022.03.04アクセス確認）
・日本ユネスコ国内委員会・文部科学省（2015）自然科学（第126回）及び人文・社会科学（第115回）合同小委員会配付資料「参考5　GCED：Global Citizenship Education（地球市民教育）について」　https://www.mext.go.jp/unesco/002/006/002/003/shiryo/attach/1356893.htm（2022.12.22アクセス確認）

・文部科学省「持続可能な開発のための教育（ESD: Education for Sustainable Development）」https://www.mext.go.jp/unesco/004/1339970.htm （2022.03.04アクセス確認）
・UNESCO "Global citizenship education"　https://en.unesco.org/themes/gced（2022.12.22アクセス確認）
・UNESCO (2015) *Global Citizenship Education: TOPICS AND LEARNING OBJECTIVES*　http://unesdoc.unesco.org/images/0023/002329/232993e.pdf（2022.03.04アクセス確認）

第2章　国際教育交流と多様性

髙橋　彩

　現代社会では、さまざまな側面で「多様性」が肯定的に唱えられ、重視される一方で、その実現には多くの課題があります。多様な人々がともに生きる社会に必要な考え方や態度について、ともに考えてみましょう。

キーワード

感じながら考える　コミュニケーション　寛容　地球社会　協働

はじめに

　国際教育交流は「多様性」を創出し、それを体現する活動そのもののように思われるかもしれない。しかし、過去の交流の性格や実情を振り返ると、そう単純なものではない。近代化の中で成立した日本の大学は、ながらく「西洋」を向いて発展してきた。明治期には、さまざまな知識、技術、社会システムを西洋から取り入れるため、外国人教師が招へいされ、また日本人が欧米へ派遣された。それは、西洋に「追いつく」ための知の摂取という性格を帯びていた。近代日本の国際教育交流は西洋への憧憬や脅威をもつ社会を背景に、異なる考え方や価値観の受け入れは行われていたものの、その交流は現代の多様性の尊重や多様なものの包摂とは性格を異にしていた。

　戦後は平和構築や冷戦など国際情勢を背景に日本の留学生政策が進展した。再び多くの日本人が先進的な学問を学ぶために送り出されたが、ここでも意識されたのが欧米（ここでは西側の経済的先進諸国）である。しかし、日本が経済的に発展するにつれ、特に受け入れにおいて相手先国・地域が広がってくる。1980年代前半には海外から受け入れる留学生の増加を図る「留学生10万人計画」が出された。計画は「世界に開かれた大学」を目指すとともに、開発途上国の人材養成も企図され（文部科学省, 1992 HP）、異なる社会・文化を背景とする多くの留学生が受け入れられることとなった。横田・白土（2004）はこれまでの留学交流を理念モデルで整理したが、そこからは国際教育交流の政治性が浮かび上がってくる。

　2000年代には、高等教育のグローバル化を背景に、日本人学生の海外留学が盛んになる一方で、2008年には国の施策として「留学生30万人計画」（文部科学省, 2008 HP）が出された。そこでは、日本の大学組織の国際化が問われる一方で、外国人留学生を受け入れる環境づくりが幅広く検討された。国の施策を背景に、大学の現場の関心対象も、グローバル化の中で国際移動する多様な学生の教育や多文化な学修・生活環境へと広がっていった。

　日本の高等教育における国際教育交流は、このように、最初から知や人の「多様性」を明確に目指していたわけではない。日本の大学は、近代化、平和、

経済発展、グローバル化などの時代のテーマを背景に、その時々の国際情勢や国の政策のもとで、さまざまな国・地域からそれぞれの言語・文化・社会的バックグラウンドをもつ学生や教員を受け入れ、海外に日本人学生・研究者・技術者を送り出し、学術的交流を行ってきた。国際教育交流の現場は、このような時代の移り変わりの中で、国際理解・異文化理解、大学の国際競争、高度人材育成など、実際的な問題に対応してきたと言えるのではなかろうか。近年、関心を集める国際共修は国際教育交流の現場の一つである。国際教育交流の歴史的発展過程から見ると、国際共修はまさに、「多様性」という現代のテーマにおける実際的な問題について考え、実践する学習の場である。

　筆者が実践する多文化交流科目の授業は、「多様性」という抽象的な概念に「実際の問題として対面する場」として設定されている。この章では、その授業実践を振り返りながら、多文化交流科目が多様性を実践的に考え感じる空間となり得ることを示したい。以下では、まず、多様性という概念の難しさを検討するとともに、現実社会で、どのように多様性が問題になるのか、そこで何が問われているのかを概観する。次に、筆者の教育実践において、多様性に対面する学習プロセスで意図されていることを整理する。筆者は、多様性を尊重する社会を実現する際の糸口であり鍵となるであろう「コミュニケーション」に着目し、授業でも「コミュニケーション」を中心的なテーマに据えている。そこで、最後に、「コミュニケーション」の重要性を学生自身が実際に考え、感じながら学ぶ教育的プロジェクト例を紹介しながら、多文化交流科目という授業の場の意義を検討する。

1.　多様性を再考する

1-1.　多様性と人間社会

　近年、「多様性」ということばが、よく聞かれるようになった。それは、大量のヒト、モノ、コトが、国境を越えて行き交うグローバル社会の進展と無関係ではない。グローバル社会では、個人が、国境を越える人の往来や流通する物、瞬時に世界を駆け巡る多様なメディアによる情報にじかに接する。私たちは、今、世界がさまざまなモノやコト、考え方から成り立っていることに、日常的に対面する社会に住んでいる。そのような状況下では、国境や組織などの

さまざまな境を越えて「異なる」人々がコミュニケーションし、ともに何かを行うこと、ともに行わなければならないことが頻繁に起こる。

　「ともに行わなければならない」状況下では、それをよりよく実行できるしくみが必要となる。国際社会は、20世紀を通して、国際機関や国を中心に、経済・社会システム、制度など、国家・地域間の違いを調整あるいは是正し、共通の課題に対応するようなしくみづくりや取り組みを行ってきた。たとえば、国連の「持続可能な開発目標（Sustainable Development Goals）」、いわゆるSDGsもその一つである。SDGsで、すべての人々を対象に設定された共通のアジェンダは、多様な国・地域、組織や個人の協働なくしては達成されない。その目標の一つとなっている「人や国の不平等をなくそう」は、まさに年齢、性別、障害、人種、民族、出自、宗教等の違いにかかわらず、すべての人々を包含し、その不平等の是正を目指すものである（国連総会・外務省, 2015 HP）。少なくともSDGsを肯定する国際社会や日本社会では、さまざまな「違い」にかかわらず、地球規模で、多様な人々とともに課題を解決し、ともに生きることが求められている。

　しかし、異なる人々、多様な他者を尊重し、ともに生きること、協働することは、実際には、いつでも、誰でも、どのような状況下でも、快く、容易に実行できるようなことではない。たとえば、あなたは、あなたの苦手な人のそばにいて穏やかだろうか。自分の意見を唯一無二のものとして譲らない人と、知恵と力を結集して、何か良きものを、ともにつくることを想像できるだろうか。人間には感情や価値観がある。個人にとっても、一定の考え方を共有する集団にとっても、異なる他者とともに何かをなすのは、常にたやすいことではない。それは、しばしば「心地良くないこと」「不愉快なこと」となる場面があり、場合によっては「合点のいかないこと」や「許し難いこと」に直面することにもなるからだ。実際、戦争や迫害、差別など、人間の悲しい歴史の前景や背景にしばしば現れてきたのは、異なる他者への不寛容な態度、心理であり、残念ながらいまも、さまざまなかたち、場所で、続いている。異なる人々とともにいかに生きるかは、人間社会の大課題の一つなのである。

1-2. いま、なぜ多様性か

「多様性」について考える前に、まず、その言語の意味を確認してみよう。多様性は英語でDiversity（ダイバーシティ）であり、その意味は、多様であるさまやさまざまなものがある状態である。歴史的には同意できるものや良きものに「反する」意も含まれていたが、最近は、民族、社会、ジェンダーなどをめぐって、多様性を促進、保障する意味の修飾語ともなっている（*Oxford English Dictionary*, 2022年版）。日本語でも、多様性は、近年、一般的なメディアの中で、肯定的かつ道徳的な価値を伴って使われることが多い。そのような場面では、いろいろな異なるものが除外されず包摂されていること、尊重されていることが、多様性とともに語られる[1]。

　多様性が注目される背景には、グローバル化がある。国境を越えてますます活発になる社会・経済活動は、地球の至る場所を開発し、世界をある意味で一体化し、フリードマン（Thomas L. Friedman）が評したように、フラット化（フリードマン, 2008）させる傾向がある。その中で、特に経済的な先進国・地域を中心に、経済的豊かさという点でグローバル化の恩恵を受ける人々がいる。他方、その豊かさから取り残される国々や人々の存在が問題となっている。人類の富が、地球上のごくわずかな富裕層に集中する一方、先進国の中でも貧困に直面する人々が少なくない。経済格差が生じる背景には、国籍、人種、性別、民族、教育、社会等の違いにまつわる不平等があることも指摘されている。つまり、「異なること」がネガティブに働く、あるいは尊重されない状況が問題となっている。

　多様性への関心の背景には、気候変動や自然環境への危機感といった「自然」への問題関心の高まりもある。砂漠化、オゾン層の破壊、資源の枯渇、公害による環境破壊など、人間の活動が起因する自然や生態系への負の影響は、地球という惑星の持続性そのものや人間の生存環境への脅威となっている。言うまでもないが、もたらされた影響は、人間が引いた国境線とは関係なく広がっている。地球に住まう人間の社会を持続可能なものにするためには、多様な生物からなる自然のシステムを保持する必要がある、つまり生物の多様性を守る必要があると唱えられている。それには、人間の活動を再検討し、行動様

式や消費の形態の改善や変更、環境技術の開発、活動のモニターや調整などの対応が必要と考えられている。

　このように、多様性は、近年、グローバル化と地球環境が問題となる状況を背景として、言及され、あらためて注目されている。いま、私たちには、さまざまな局面で、現実社会の課題解決のために、多様性をいかに維持・実現するかが問われている。

1-3. 多様性をめぐるいくつかのテーマ

　では、多様性は実際、どのようなところで問題とされているのだろうか。次に、いくつかのテーマで論じられる多様性について具体的に見てみたい。各テーマのもとでは、いずれも関連する学術分野で広範かつ深い議論がなされており、とても筆者の能力でその議論を網羅し、概説することはできない。以下では、多様性が、社会の中でどのような問題として現れているのかをいくつか紹介することで、多様性をめぐる議論の性格を捉えたい。なお、ダイバーシティ論については風間（2016）による示唆に富んだ整理があるが[2]、以下では、いかなる多様性がなぜ問題となり、何が問われているのか、その議論の対象に注目する。

　「多様性」と言ってまず思い浮かぶのは、生物多様性ではないだろうか。生物多様性は、地球全体の生きるものの多様性を対象にしている。「人類の生存を支え、人類に様々な恵みをもたらすもの」が生物多様性であり、世界全体で取り組むべき課題であるという認識のもとに、1992年に生物多様性条約が採択された（環境省生物多様性 HP）。この条約は、生物多様性が、人類にとって重要なものであるにもかかわらず、「ある種の人間活動によって著しく減少していることを懸念」（環境省自然環境局生物多様性センター HP：条約前文より）して制定されたものであり、日本も1993年に締結している。ここでは、生物が多様であることそのものが必要であるとの認識が共有されるとともに、それが危機に晒されていること、人類が影響を及ぼしていることを問題としている。日本では環境省が中心となって取り組んでいるが、その活動は、絶滅危惧種の把握から教育を通した生態系に関する知識の普及と生物多様性を維持する意識の醸成まで幅広い。生物多様性は、短期的かつ中長期的に、国や分野の枠組み

を超えて、人類共通の課題として、多方面から協力して取り組まなければならない問題と考えられている。

　20世紀後半のジェンダー研究の進展の中で次第に注目されてきたのが、性の多様性である。ジェンダーは、女性解放運動など、女性の人権にかかわる問題として取り上げられて久しいが、近年は、「ダイバーシティ」や「インクルージョン」の問題として、その射程が広がっている。日本でも、学校を含むさまざまな場でダイバーシティが提唱され、ジェンダー関連では、書類上の性別表記の検討や戸籍上の性別と性自認との違いから困難を抱える生徒・学生への対応をはじめとする、変更や改善がなされ始めている。この分野で議論されてきたのは、男女という二項対立的な性別に異議を唱えるものとしての「多様な性」であった。医科学的、精神的、文化的、社会制度上など、ジェンダーあるいは性をさまざまな角度から捉え直すことにより、実は性が多様であることを認識することで、性別をめぐる差別や偏見に異議を唱え、暴力を糾弾し、性差をめぐって抱える生きづらさなどを問題として取り上げることが可能になった。日本の歩みは決して早いとは言えないが、近年、婚姻、教育現場、社会生活における諸課題の、制度上の議論や学校や職場などでの具体的な改善や取り組みが、行われてきている（二宮, 2017）。

　学校教育においても、学習者の多様性が問題となっている。比較の視点で教育の現場における多様性を論じる伊井は、「世界中にあるすべての学校が子ども・教職員・地域社会の多様性を抱えている」とし、「その多様な環境を肯定的に捉え、活用するか否かを考えることが、今、重要性を増している」（伊井, 2015: 10）と言う。背景には、先住民、移民など、言語的、経済的、社会・文化的背景の異なる子どもたちの増加と、その教育格差が問題となっているという現実があるわけだが、その違いを把握するとともに、多様であることを積極的に捉え、それを学校教育の現場で活かしていこうとする動きがある（伊井, 2015）。

　企業が多国籍化、グローバル化する中で、異文化間の企業活動が活発になると、異文化マネジメントに関心が注がれるようになった。トロンペナールス（Fons Trompenaars）とハムデン-ターナー（Charles Hampden-Turner）は、「文化がビジネスに与える衝撃」（トロンペナールス・ハムデン-ターナー, 2001: 3）と

いうことばで、企業活動で文化差が問題となることを指摘した。大企業を中心に、多国籍の、そして多様な言語的・文化的背景をもつ従業員を雇用することになった職場では、従業員の多様性を前提とした人的マネジメントが求められる。そこには、構成員の人権の擁護や労働環境を整備するというだけでなく、多様性のあるチームの方が、より良い商品やイノベーションを生み出すことができるという期待もある。また、外国の市場に出ていくには、各地域の社会・文化を知り、市場や人々の選好・行動の違いを認識したうえで、商品・サービスを販売する必要がある。ここでは、組織のパフォーマンスを最大化させるような、人の採用や配置、生産プロセス、商品・サービスの企画・販売など、一連の企業経営・活動と文化の多様性が対象となる。

1–4．多様性の難しさ

　前項で取り上げた、多様性をめぐる議論は、いずれも多様性そのものを尊重するものだが、その議論の対象は少しずつ異なっている。一つには、多様性は、人間が人工的につくるものではなく自然に存在するものであり、生きとし生けるものすべてを対象とし、その生存や存続に必要だとする考え方である。自然への畏怖の念がそこにはある。二つ目は、多様性は、人をあるがまま認めることであり、基本的な権利として尊重されるべきものであるとして価値を置くものだ。ここでは社会の安寧や人々の尊厳、人権が対象となる。三つ目には、多様であることが、社会において新たな価値を生み出すのに必要かつ有益であるとして評価するものである。そこでは、対象とする事柄・テーマについて、多様性が意識される以前の認識あるいは固定観念を反省しつつ、多様性を認識し、活用する活動そのものが主な対象となる。これら三つは、しばしば相互に密接に絡み合いながら論じられる。

　多様性は、各テーマの主な対象や重心の置き方こそ異なるものの、いずれも人類の存続と発展にかかわる重要な問題として論じられる。人類の重要問題ならば、テーマに関する取り組みは賛同を得られやすそうにも思えるが、これらのテーマが関心を集め議論されるのは、それへの取り組みが容易ならざることだという証左でもあろう。たとえば、生物多様性では、条約に批准した国には、その保全に向けた国としての取り組みが求められるが、それには高度な科

学的知見の蓄積や普及のみならず、制度整備や予算などがかかわってくること
は言うまでもない。性の多様性では、日本における同性婚の法的・社会的議論
や、「性的マイノリティ」への差別や偏見をなくそうとする本格的な制度・意
識変革への動きは、まだ緒についたばかりである。学校教育において、多様性
を認め、それを活かした教育の導入には、既存の一定のものさしによる個人の
能力測定を前提とする「学力」との相克という問題もある。また、経営学にお
ける異文化間のマネジメントは、企業理念、経営、人事制度、市場開拓、商品
開発、マーケティングから、従業員個人の能力向上、アイデンティティや生き
方をも含む、企業活動のすべてにかかわる問題であり、企業の存続と収益を左
右する。このように、多様性を守ること、尊重すること、活かすことは、人間
社会の大課題であるのだ。

　大課題であるということは、多くの社会で、多様性は、その集団や国の維
持・発展にとって、さらに長期的には人類だけでなく地球の存続にとっても
「必要である」と、総論では賛同を得られるかもしれない。しかし、上述のよ
うに、現実の場面で、社会の各局面で、多様性を尊重すること、持続するこ
と、活用することは、容易ならざることである。とりわけ、それが、国境や民
族、制度、組織、文化などの壁を越える場合にはそうである。人間社会で多
様性を尊重しようとする場合、それは、異なる制度・システムの中で生き、異
なる価値観をもち、異なる慣習・行動様式をもつ人や集団を含むすべてを、マ
ジョリティかマイノリティかにかかわらず、社会の中で尊重するということに
なるからだ。

　さらに、多様性をめぐる議論やそこで問題となっていることが教えてくれる
のは、多様性の尊重という総論は、対象とする事柄の多様なありようやあり方
を是認する一方で、少なくともある一定の線では価値観や考え方を共有しなけ
れば、実現可能なものとして成立しないということである。それは、当該テー
マにおける多様性の基本的な考え方に賛同し、それにかかわる共通目標をもつ
ことやものさしをもつこと、多様性を維持するために協力すること、行動する
ことなどである。SDGsはまさにそうした概念であり、取り組みであろう。

1-5. 寛容であること

　多様性をめぐる課題を乗り越え、多様性を認めるためには、他者との価値観や意見の不一致、異なる集団間にある制度や組織の壁を乗り越える必要がある。そこで重要なのがコミュニケーションである。人間は、意思や感情、情報などを、さまざまな手段で伝達している。コミュニケーションはことばを用いる活動に限定されず、ことばによらない活動も含み、人々の広範な伝達活動を包含するため、人間がいるところには何らかのかたちでコミュニケーションが発生していると言ってもよいだろう。コミュニケーションを通して人々は交流し、コミュニケーションにより人々の間の考え方やものごとの異同を知ることができる。コミュニケーションを通して、個人や集団間の双方向の伝達を行い、異なることに対応することになる。そのような多様な人々の間のコミュニケーションの過程で重要となるのが、「寛容」という概念あるいは態度である。

　日常使われる「寛容」ということばは、「寛大で、よく人をゆるし受けいれること」（『広辞苑』第7版）など、心が広いさまを表す。しかし、寛容は、個人の振る舞いや道徳的な姿勢を示すことばであるだけでなく、哲学的なことばであり、多民族による政治体制、異教徒への対応など、人間の関係性や社会のありようをめぐって論じられてきた概念であり態度である。

　実際、寛容の問題は、単純ではない。メンダス（Susan Mendus）は、『寛容と自由主義の限界』の中で、「寛容の環境」の二つの特徴として、「寛容の問題は多様性という環境において生じる」ことと、「多様であるというそのこと自体が否認や嫌悪や憎悪を引き起こすようなものであるとき、寛容が要求される」（メンダス, 1997: 13）と論じる。つまり、異なることに嫌悪などのネガティブな感覚をもたないところでは、寛容は成立しないというものだ。本項では、メンダスが、ジョン・ロックやジョン・スチュアート・ミルを取り上げて論じた、寛容の正当性と限界に関する深遠な考察への深入りは避けるが、なぜ、どこまで、どのように寛容が求められるのかが、思想上の問題となっていることは、メンダスの仕事から明らかである。さらに、どのような社会状況で寛容を論じるかによっても、そのアプローチが異なってくる。メンダスは、社会主義の場合と比較し、個人の自律に注目しながら、自由主義の前提に個人の多様性

があるとする（p.207）。

　寛容のありようは、人と社会の関係性を問う。ウォルツァー（Michael Walzer）は、階級やジェンダー、宗教などをめぐる「実践的な係争点」から、寛容の複雑性を論じた。たとえば、ジェンダーにかかわる役割、慣習、再生産の問題は、ある集団の「文化」と市民社会における個人の権利の狭間でさまざまな議論を生じさせてきた。ウォルツァーは、「伝統的な文化や宗教が国民国家や移民社会に入ってきたときにおこなわれる議論のかたち」をあげ、「個人の市民としての権利と衝突する」ような、共同体の再生産の慣行に対する対応や反応を論じる（ウォルツァー, 2003: 104-105）。そのうえで、「女性の自律とジェンダー間の平等にとって望ましいしかたで、どのような文化的な差異が依然として寛容にあつかわれなくてはならないのか」（p.106）と問う。多様性にかかわる問題の実際の議論や解決は一様ではなく、その時々にいかなる寛容さが発揮されるか、採用されるかは、時代性をもつ政治的な問題でもある。

　しかし、「主義」を共有しない、異なる思想をもつ者同士や集団間であれば、どうであろうか。アメリカ植民地時代の宗教と社会構造を思想史の立場から論じた森本（2020）は、宗教問題を中心に起ったことを考察したうえで、「自分から見て『誤っている』と思われることを容認するのが寛容である」（p.274）と言う。人間社会の過去をたどると、異なる思想の者同士であっても、ある一定の（物理的あるいは精神的）距離をもって、ともに暮らしていくことも可能であった。森本の論じる「共存」の哲学（森本, 2020）からは、多様な他者と少なくとも「共存」しようとする共通の土台がある（あるいは共通の土台をもとうとする）場合、寛容が重要な役割を果たすことが見えてくる。

　「寛容」は人と社会との関係性を問う問題であるからこそ、人々がともに生きるために「寛容」がその役割を果たすことが重要である。そして、寛容という機能を作動させようとするならば、人はそれを表現し、保障することが必要となる。このような表現と保障は、現代社会では、多様な形態をとり得る。たとえば、マクロレベルでは、人権や言語権などの法的な権利、教育機会やアイデンティティ保持・形成の保障といった公的施策など、国際社会や国家、地方自治体などによる制度的な枠組みや取り組みが考えられる。学校や企業など組織内のルールや文化として寛容を保障し、その価値を共有することもあるだろ

う。ミクロレベルでは、異文化理解力や対応力など、個人が寛容さを実行し、表現するための能力もまた必要である。

1-6. 地球社会の一員としての寛容さ

　多様性と寛容は、以上のように、いずれも単純な概念ではない。しかし、その思想的な複雑性を念頭に置きつつ、ここでは現実世界の進展のために、少し議論を飛躍させてみることをお許しいただきたい。

　持続可能な人間社会を考えるとき、少なくとも多様性の理解と多様性に価値を置く考え方を前提とする必要があるだろう。つまり、「多様性を尊重する理念」を共有するということである。そして、より高次の視点から、時代的・政治的な要素に留意しつつも、多様性を尊重するために寛容の態度をもち込み、それを何らかのかたちで、実社会で機能させるしくみをつくること、それを実行するための人々の能力（意識とスキルを含む）を育てることが重要であろう。世界の多くの人々が「寛容という能力」をもつことではじめて、多様性を尊重する社会が実現すると考えられるからだ。そのためには、さまざまなチャンネルを通した働きかけが必要であるが、その最も有力で必要不可欠な手段の一つが、教育である。

　「Global Citizenship」という考え方がある。それは、「地球規模でのグローバルなマインドをもった個人やコミュニティの社会的・政治的・環境的・経済的行動の総称」（筆者訳）とされている（UNAI HP）。そのようなマインドをもった人々を教育しようとするのが、「地球市民教育」である。「地球市民教育」は、地球規模の課題に取り組む人々を育成するものとして、ユネスコが取り組んでいるものだ。その教育目標は、「学習者が国際的な諸課題に向き合い、その解決に向けて地域レベル及び国際レベルで積極的な役割を担うようにすることで、平和的で、寛容な、包括的、安全で持続可能な世界の構築に率先して貢献するようになることを目指すものである」（文部科学省, 2015 HP）とされる。「地球市民教育」は、まさに、地球上の多様な人々の存在を前提とする教育である。

　しかし、地球市民に必要な能力育成は知識として学んだだけでは不十分であり、実践的な学習が求められるが、それには、環境と仕掛けが必要と考えら

れている。村田（2016）は、人材育成の方法として、個人面と制度面からアプローチし、個人面では「異文化理解、多文化共生の教育、自己表現力」が重要だと指摘するとともに、制度面では「多元的教育システムと共同体の構築」が必要であるとする（pp.288-294）。この点、大学は、外国人留学生や異なる地域の出身者を含む多様な学生が在籍することから、多元的な環境にある場合が多い。さらに、学生は、一定のカリキュラムという仕掛けのもとで、多元的な知を内包する専門分野の学術的な知見に基づく知識・能力を身につける学修をする。したがって、専門の学習や多様な学生との交流を通して、さまざまな側面で多様性を理解するとともに、実際、異なる人々と共修・協働する経験を積みながら必要な能力を身につけていくことが可能であろう。

　多文化共生には、異なる集団や人々がともに暮らす社会を俯瞰的に見る視点も必要である。「グローバルに考え、ローカルに行動する」を教育の場面から考えると、学校教育（ローカルな場面）においてその基礎となる考え方を学び、必要な能力を身につけることで、グローバル社会において必要な態度、姿勢、自ら考える力を培うことができる。その基礎的能力をもって、いま、ローカルな事柄に、グローバルな視野で、目前の事象を俯瞰的に捉えながら、挑んでいくことが可能になる。さらに、「教育」を「生涯教育」の観点から幅広く捉えるならば、人生のあらゆる場やステージ――学校教育、企業内研修、余暇活動、ボランティア活動を含む――で、その学びを維持・発展させることで、多様性を尊重する理念を、人間社会全体として育み続けることができるのではないだろうか。多様性を尊重する概念は、個々人の「学び」という活動と不可分な関係にあると思われてならない。

1-7．感じながら考えるコミュニケーション空間としての授業

　多様性は、人類が抱える、実に深淵かつ複雑な課題である。そのような状況であるがゆえに、私たちは、「多様性」をどこか、遠くのものとして見ていないだろうか。「グローバル化」ということばと並べて、近寄り難い学術用語として見ていないだろうか。「学ぶ」という行為が、ものごとの本当の意味を知ろうとすることならば、多様性を机上で学習し、知識として得ることだけでなく、自らの心で理解すること、身体感覚をもって実感することが重要であると

考える。人々が一つのところに集まって、ともに学ぶ「授業」という空間は、ものごとの本当の意味を「感じながら考える」ための、絶好の機会となり得る。教室は、多様性の貴重な学びの場である。なぜならば、人は誰一人として同じではなく、異なっているからである。しかし、それには、多様であることの認識と、それを意識化する学習活動が必要である。多文化交流科目は、まさに多様性を実践的に考え感じる空間となる。

　多様性を尊重する社会において、コミュニケーションは重要な問題である。コミュニケーションを行うことで、他者と自分は、ものの見方、考え方において何が異なっているか、共通しているかを認識するとともに、その内容を、表面的にではなく、可能な限りそのもととなる考え方も含めて、把握しようとすることが可能になるからである。そのうえで、合意形成を行う、あるいは共通の目的の達成のために、何をどのように進めていくのかを相互に確認しながら次のステップに進むことができる。そのプロセスは、「あ・うんの呼吸」が通用するとは限らず、何の障壁もなく進むものではないと考えた方がよい。むしろ、自分の中の違和感や疑問に敏感になるとともに他者の声に耳を傾けながら、さまざまな気づきや発見をすることを通して、自らの認識を変化させていくプロセスである。まさに、心のアクティブな動きが要求される活動である。

　このプロセスは、相手が自分と同じであると「思い込んでいる」場合は、より難しいかもしれない。同質的な集団内で、その構成員が言語も目的達成の方法も共有していると考えているときは、このプロセスが見過ごされがちになるからだ。自分の使用している言語や発したことばの意味、話し方や話の進め方を共有できている（あるいは共有しているはずだ）と思い込んでいると、実は、それを共有していないメンバーがいることに気づかずにいることがあり得る。実際、社会における「マイノリティ」をめぐる問題には、そのような側面がある。マジョリティは、制度や慣習の狭間で不利な立場に置かれている人々に「気づかない」ことがある。

　また、ここで言うコミュニケーションの重要性は、いわゆる人と交わるのが得意・不得意ということではない。日常生活の中で、友人やクラスメイトと楽しくおしゃべりをすることや、ネット上でつながっている「友人」が何人いるかという問題でもない。学習、仕事、ボランティア、あるいは余暇の場など、

人生のさまざまな場面で出会い、偶然、ともに何かをすることになった人々
と、肯定的かつ建設的な関係性を築くことであり、そのためのプロセスと考え
る。つまり、ここでは、コミュニケーションが多様性という人類の課題に取り
組むための重要な手段であると位置づける。

　コミュニケーションを図るために、一定の共通の「道具」と「方法」をもつ
必要がある。「道具」には、コミュニケーションのために使用する言語が含ま
れるし、「方法」には、議論の進め方や、意見の取り上げ方、時間の考え方な
どがあるだろう。これらの要素は、いずれも机上の学習よりもむしろ実践的に
学ぶことを通して、「気づく」とともに、その知識を確認し、技能を磨くこと
ができる能力である。

　それには、多様な人々との交流を経験すること、協働に親しんでいること
が鍵となるであろう。アーコディス（Sophie Arkoudis）らは、多様な学生がそ
こにいるだけでは、インタラクション（相互作用）は起こり難いことに着目し
た。インタラクションの障害となっているのは、言語（母語）上の違いもある
が、共通の土台がないこと（lack of a common ground）であると指摘し、「イン
タラクション」を起こす共通の土台を育むことを重視する。そこで、オースト
ラリアの大学が多様な学生から成り立っている環境を活用し、多様な学生間の
交流を促す六つの側面をもつ教授・学習の枠組みを開発した。そこでは、学生
の主体的な関与としてのエンゲージメント（engagement）が、学びの中心をな
す（Arkoudis et al., 2010）。アーコディスらが特に取り上げているわけではない
が、インタラクションの前提には、主体性のある、積極的なコミュニケーショ
ンがある。

2．考え感じる教育空間

2-1．授業という場

　授業という場は、多様性を感覚的に知り、その対応を考え、実践するのに適
した場所である。特に、国際共修授業は、異国の地で生きることとは異なり、
ある意味でバーチャルな、守られた空間[3]を提供しているからだ。特に、グ
ループで協働するPBL（Project-based Learning）型の授業では、作業プロセス

を通して、これらの体験が可能になる。多様性を尊重する社会における協働に必要な、姿勢とスキルを培うため、筆者のPBL型授業では以下の五つの要素を意識している。

①傾聴の実行

　グループワークのさまざまな段階で、他者の発言を、耳を傾けて聴く（傾聴する）必要がある。社会・文化・言語背景の異なるメンバーの発言には、特に注意したい。母語を同じくするメンバーとは、多くのことを共有していると「思い込んでいる」可能性があることにも留意したい。メンバーの発言は、適宜、ファシリテーターのことばで、言い換え、必要に応じて、質問しながら、発言の内容を真に聴き取り、理解することを実践する。傾聴を意識することは、異なること、共有していることを発見しながら、多様性を体感する活動でもある。

②発言しやすい環境づくり

　学習者同士のコミュニケーションを進めるためには、誰もが発言しやすい雰囲気をつくることが重要である。まずは、ブレインストーミングの段階で、できるだけ多くの、多様なアイディアを出すことができる雰囲気を意識的につくってもらう。傾聴のスキルを実践して、発言を受け止めることで、発話しやすい環境をつくる。特に、同調や協調の力が働きがちな環境で育った学習者には、意識的にこれに取り組むことが必要であろう。アーコディスらもインタラクションの環境づくりを重視している（Arkoudis et al., 2010: 12）。

③異なる人々と合意する難しさの体験

　グループワークのプロセスは、いつも楽しく愉快なときばかりとは限らない。自分が仲間に期待する反応を、仲間がしてくれるとは限らないし、自分が「常識」だと思っていることを仲間も「常識」としているかはわからない。作業のプロセスでは、違和感や疑問、心地悪さにもあえて敏感になり、自分のその反応を、少し離れたところから冷静に眺めてみることを実践する。寛容さが必要とされる状況——ここでは些細なことかもしれない——を意識し、そこでどのように考えるか、振る舞うかを、自らに問う体験を促したい。

④プロジェクトのマネジメントへの挑戦

　発言の仕方、時間の感覚、仕事の分担の考え方、合意の方法など、作業の
プロセスでは、さまざまな仕事のやり方が実行される。しかし、仕事のやり
方は、当然、グループで異なるだろう。多様な人々がともに作業する環境で
は、プロジェクトのマネジメントが機能するようなルール、配慮や工夫が必
要になる。ここでは、多様な人々との協働の具体において、合意形成を行
い、仕事のやり方をつくり、あるいは確認していく作業が必要となる。グ
ループ作業の実践経験は、その後、個人がさまざまな仕事の場に臨む際、失
敗も成功も含めて、活きてくることを期待したい。

⑤多様な人々との共創の感覚

　ふだんから気心の知れた仲間ではなく、偶然、その場でともに何かを「創
る」ことになった人々との作業は、決して容易ではない。それゆえ、そこで
行ったプロジェクトは、異なる人々との共創の貴重な体験であり、学習者の
自信につながるに違いない。授業という場は、このような経験を、意識的に
積み重ねていく場となる。

2-2.　多様性を感覚的に知り考える授業

　筆者の多文化交流科目の授業では、「多様な人々との共生について考え、対
応する力を培うための入門的授業」として、「多様性を尊重する社会で求めら
れる考え方や姿勢を」（2022年度「文化の多様性と私たち」シラバスより）実践的に
学習している。異文化コミュニケーションをテーマとするテキスト（池田・塙,
2019）を使用し、ことばやメディアなど、テキストで取り上げられるテーマに
沿って、学生同士の意見交換や、人前で語る、グループで報告するなどの作業
を行う。テキストで「コミュニケーション」をめぐる学術的知見を学びなが
ら、多様性をさまざまな局面から考えつつ、クラスで実際に、多様な他者との
グループ作業や対話を実践する機会となっている。特に、授業終盤のグループ
でのプロジェクトは、その集大成となることを企図している。

　プロジェクトでは、多様性をしっかりと考え、コミュニケーションと協働を
体感するために、自分たちが誰かに「伝える」ことを目指すプロジェクトを行
う。ここでは過去の授業での実践をもとにしたプロジェクト例を提示するとと

もに、留意点や筆者の他の授業でのグループワークの実践を通した気づきも含めながら、その意味と意図を説明する。

　〈テーマ〉日本の高校生に対し、グローバル社会におけるコミュニケーションの重要性を伝える。

　このテーマを通して、多様な人々がともに暮らす社会で、コミュニケーションがなぜ必要かを、自分たちのことばで日本の高校生に伝えるプレゼンテーションをつくり、グループとして発表をする。発表を通して、高校生にコミュニケーションの重要性に気づいてもらうことを企図している。授業では、プロジェクトを架空の設定で行う。高校の教室に出向いて発表を行っていると仮定し、授業内で模擬発表を行う。

　各グループはこの内容でプレゼンテーションをつくる協働作業に入る。ここではさまざまな種類の能力と態度、それを複合する能力、そしてチームワークが必要となる。ファシリテーション、リーダーシップ／フォロワーシップ、時間管理、進捗のモニタリング、スケジュール管理、合意形成、主体性、企画力、発想力などである。作業の過程では、発表者たち自らが、コミュニケーションの重要性を考え、体感しながら、実践することをねらいとしている（図1）。

　大学生が高校生に語るには、テーマについて一定の知識をもつ必要があり、まずは、自らその知識を「得て」「理解する」必要がある。そこから、テーマがなぜ重要なのか問いを立て、自らあれこれと思いを巡らすとともに、調べ、答えを導き出していくプロセスがある。自分たちなりに説明をまとめ、主張を整理することができたら、次は、「語る」ためのストーリーづくりである。高校生が聴衆であることを踏まえ、聴衆の目線に立ったストーリー展開で自分たちが主張したいことを表現し、最後にそれを（模擬ではあるが）実行する。この過程では、主体的に考え、模索しながら学習する、より深い学びを期待している。

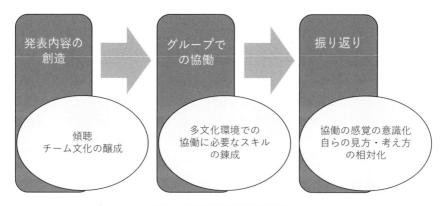

図1　考え感じる学習の流れ

2-3. 「多様性」を駆動させる──①発表内容の創造

　最初に、高校生に伝えたい内容を絞る必要がある。それには、まず、一般的な日本の高校生の状況（学制、関心、雰囲気など）を、協定校からの交換留学生など、海外から来て日本の大学で学んでいる学生を含む、多様な受講者間で共有する必要があるだろう。対象者がどのような人々か、教育バックグラウンドをもっているのかを知ることや、共通のイメージをもつことで、プレゼンテーション作成作業の前提を共有する。国内学生にとっては、その知識・経験を共有していない学生に対し、日本の高校について説明するとともに、自らの高校生活の経験を振り返り、相対化し、客観的に伝える必要がある。

　次に、聴衆として想定する高校生が関心をもちそうな話題を考える。この段階の作業は、ブレインストーミングであり、オーソドックスなものから突飛と思われるものまで、できる限り多くのアイディアを出すことで、素材や考えをふくらませていきたい。この段階で、日本の高校出身者は、自身の経験をもとにアイディアを出すことができるだろうし、外国人留学生を中心とするそれ以外の学生は、まったく異なる発想や角度からアイディアや意見を出すことができるだろう。付箋などを使って、出てきた素材を模造紙に貼るなどして可視化しておくのもよい。この作業のファシリテーター（リーダーが務めてもよい）は、各メンバーが楽しみながら、できるだけ多くのアイディアが出るように促した

いものだ。ここでは、視点の多様性からさまざまな発想が出てくる経験を期待している。

　仲間との創造作業では、他者の発想と発話に対する傾聴の力が磨かれるであろう。それは、多様なアイディアを生み出し育む、そのチーム独自の雰囲気あるいはチーム文化を醸成する過程でもある。

2-4. 「多様性」をマネジメントする──②グループでの協働

　次に、可視化された素材を種類で分けて整理する、あるいはピックアップして中心となる話題を絞ることで、アウトラインを考えてみる。ここでは、メンバーの提案に対する肯定的な反応や、提案をさらに発展させる提案など、意見が「建設」されていくのが望ましい。しかし、異なる見方や、疑問にも耳を傾けたい。そこに、ストーリーをより豊かなものにするヒントが隠されているかもしれないからだ。この作業をもとに、テーマを絞り、アウトライン、つまり、プレゼンテーションのストーリー仕立てを考えてみる。ここでは、多様な意見をもとに、合意形成を図る経験ができるだろう。

　この時点で、個別にできる作業の分担も考えておきたい。出てきた話題についての情報収集や論点整理が必要となるだろう。また、内容を図表で表すことや、スライドづくりが具体的な作業となって出てくるだろう。個別にじっくり調べる作業や集まって議論すべき作業など、適宜、作業の種類によってやり方を考え、効果的に時間を使いたいものだ。作業分担には、公平性、専門性、選好など、さまざまな考え方があるだろう。お互いの個性を活かし、考えを尊重しながら、分担できるとよい。ここでも、傾聴を活かしたメンバー間のコミュニケーションが重要となる。

　なお、すべての作業を始める前に、グループ作業にあてることのできる時間と、日程を確認しておく。それをもとに、大まかな作業スケジュールを立てておく。はじめてグループを結成したメンバーでの、はじめての作業では、スケジュール感も湧きにくいかもしれないが、工程表をつくっておき、アウトラインが見えてきた時点で、適宜、修正するとともに、工程詳細を書き加えていくとよいだろう。

　これらの作業の進捗状況をマネジメントし、プロジェクトを前に進めるリー

ダーの役割は重要である。リーダーは、各メンバーが意見やアイディアを出し
やすいように、それぞれの個性が活かせるように、また肯定的な雰囲気の中
で作業が進むように、効果的なファシリテーションを意識したい。メンバーも
リーダーに依存するのではなく、自らもリーダーの立場になって考えながら、
メンバーの一員として果たすべき役割やサポートを考えたいものだ。最後に、
プレゼンテーション全体の編集、内容の再吟味、リハーサルといった工程を通
して、作品を完成させていく。

　作業過程は、まさに多文化環境におけるプロジェクトマネジメントである。
多様な他者とものごとを論理的に整理し、具体的な作業を工程に沿って進め
ていく経験である。議論の整理やスケジュール管理などの能力を鍛えるには、
実践が必要である。このプロジェクトは、まさにその能力を鍛える実践場と
なる。

2-5.「多様性」を意識化する──③振り返り

　グループ発表が終わった後に振り返りを行う。振り返りで重要なのは、個人
やグループでの「成功の物語」を紡ぎ出すことではない。グループ作業の中
で、何を感じ、何にぶつかり、何を考え、それにどう対応したのか、を意識化
することである。自身の心の声を聴き、感覚を研ぎ澄まし、自らの認識を変え
るプロセスを意識するとともに、異なるヒト、モノ、コトへの対応を、自ら考
えて実践することである。

　グループ作業の過程で、特に、他のメンバーとのやりとりのプロセスでは、
ときには違和感を抱き、また、多少心地悪い思いをするかもしれない。しか
し、そのとき、自分はなぜそう感じたのか、自らの感覚に敏感になり、内省し
てほしいと考えている。というのは、もしかするとそれは、自らがもっている
ステレオタイプに由来するものかもしれないし、双方の価値観が異なるところ
に起因していることかもしれない。そしてそれは、寛容さを発動した場面であ
り、あるいは発想の転換点になり得るポイントであったかもしれないからであ
る。振り返りは、自分の見方・考え方を相対化する体験となるはずである。

　この実践では、プロジェクトで「作品」を生み出すことと同じくらい、その
プロセスからいかに学び取るかを重視している。授業の中でこそできる失敗や

成功、それを体感することが、この実践がねらいとすることである。振り返りを通して、自ら個々の活動を冷静かつ客観的に自己評価する。また、協働の感覚を意識化することで、経験を記憶に残し、能力として育てるきっかけをつくる。

2-6. まとめ

　さて、上述のような授業内プロジェクト例の紹介は、授業の舞台装置と舞台裏を見せるようなものである。通常は人に語ることのない授業の裏側をあえて語った目的は、共修のダイナミクスがいかに生み出されるか、そこにいかなるアクティブな思考が要求されているかを整理することにある。筆者の多文化交流科目の授業で学習者に求められているのは、俯瞰的な見方と、多様な能力の統合的な駆動である。学習者は、テーマそのものの学術的な知見に基づいた探究において、知識と経験、日常の感覚を俯瞰的に捉えながら、自分たちの理解や意見を整理する必要がある。また、目標・目的のある作業を行う中で、作業工程を時間的制約の中で俯瞰して最大限のパフォーマンスを発揮できるように工夫しなければならない。その過程で、これまでの学習者の人生の中で、意識的あるいは無意識的に培ってきた多様な能力——寛容さを含む——を総合的に発揮することになる。

　なお、上述のPBLテーマは、単なる一例にすぎない。多様性の尊重や活用に必要なコミュニケーションについて考え、それを誰かに語るという経験ができるような仕掛けがあり、問いかけがあれば、さまざまな授業コンテンツで作成できるだろう。また、学習者の年齢や学習経験、社会状況が違えば、それに応じた設定や設問も、多岐にわたって考えることが可能であろう。

おわりに

　「多様な人々と協働する」ことは、特別なことではない。特に外国の人々との国際交流の場面でなくても、私たちは、仕事や学校、地域での生活など、さまざまな場面で、日常的に、「多様な人々」と協働している。にもかかわらず、同質的な（あるいは同質だと思い込んでいる）集団の中にいるときは、各メンバー

に「多様な人々」と協働している認識がないために、多様な人々と生きていることが、見過ごされてしまいがちになる。しかし、あらためて周りを見渡すと、私たちは、そもそも自分とは異なる、実に多様な人々と生きていることに、気づくのである。多様な人々がともに学ぶ国際的な授業は、多様性を体感する空間であり、そこで生きることの実感である。

　大学の国際教育交流プログラムやコース、外国人留学生との共修授業は、国籍や出身地域の社会・文化、教育体制、母語の異なる学生が集まる多様性に富んだ教室空間となることから、「他者」を意識しやすい。そこでは、視点や価値観の異なる個人や集団がいることを体感するとともに、異なること、共通することの意識化を通して、それまでとは違った認識をもち、別の視点で考える力を養うことができる。国際教育交流空間は、そのような「体感」を通した能力育成ができる教育の場ではなかろうか。

　気候変動など地球規模の課題が日常生活に降り注ぐ今日、多様な人々と協働して大きな課題にともにあたることは、未来社会を生きる人々にとって、重要で、避けて通ることのできないことである。そのために、多様性を認識し、尊重することの重要性を、学校教育の中で、いま一度考え、実践することが必要である。

考えてみよう

1. 身近にどのような国際交流の場面があるか、できるだけ多くあげてみよう。
2. 1の場面でコミュニケーションを行う際、起こりがちな困難や誤解を具体的に考えてみよう。また、それが起こる理由や背景についても考えてみよう。
3. 国際交流の体験から何を得ることができるか、話し合ってみよう。

📖 ブックリスト

1. 青木保（2001）『異文化理解』岩波書店
2. 池田理知子（編著）（2010）『よくわかる異文化コミュニケーション』ミネルヴァ書房
3. 奥川義尚・堀川徹・田所清克（編）（2003）『異文化を知るこころ——国際化と多文化理解の視座から』世界思想社
4. 蟹江憲史（2020）『SDGs（持続可能な開発目標）』中央公論新社
5. ヘールト・ホフステード（岩井紀子・岩井八郎 訳）（1995）『多文化世界——違いを学び共存への道を探る』有斐閣

注記

1　日本語では、「多様性」は、分野によって、あるいは慣用句の一部として「ダイバーシティ」というカタカナ語も使用されるが、ここでは同じ意味で扱う。
2　風間（2016）は、「『とにかく多様でなければならない』という前提で議論するダイバーシティ論と、『多様な方がメリットがある』という観点から議論を展開するダイバーシティ論があることを意識しておいた方がいい」（p.2）とし、生物多様性やダイバーシティ・マネジメントを例示しつつ、視点の違いに注目する。
3　多文化交流型授業（国際共修授業）は、国際交流において、守られながら学ぶ空間として機能する（髙橋, 2014）。

引用文献

・伊井義人（編著）（2015）『多様性を活かす教育を考える七つのヒント——オーストラリア・カナダ・イギリス・シンガポールの教育事例から』共同文化社
・池田理知子・塙幸枝（編著）（2019）『グローバル社会における異文化コミュニケーション——身近な「異」から考える』三修社
・マイケル・ウォルツァー（大川正彦 訳）（2003）『寛容について』みすず書房
・風間規男（2016）「ダイバーシティガバナンスとイノベーション」縣公一郎・藤井浩司（編）『ダイバーシティ時代の行政学——多様化社会における政策・制度研究』早稲田大学出版部, pp.2-21

・髙橋彩（2014）「多文化交流型授業における『交流』の意義を考える」『留学生交流・研究指導』Vol.17, pp.19-31

・フォンス・トロンペナールス，チャールズ・ハムデン-ターナー（須貝栄 訳）（2001）『異文化の波——グローバル社会：多様性の理解』白桃書房

・二宮周平（編）（2017）『性のあり方の多様性——一人ひとりのセクシュアリティが大切にされる社会を目指して』日本評論社

・トーマス・フリードマン（伏見威蕃 訳）（2008）『フラット化する世界——経済の大転換と人間の未来（増補改訂版）』上巻、日本経済新聞出版社

・村田翼夫（編著）（2016）『多文化社会に応える地球市民教育——日本・北米・ASEAN・EUのケース』ミネルヴァ書房

・スーザン・メンダス（谷本光男・北尾宏之・平石隆敏 訳）（1997）『寛容と自由主義の限界』ナカニシヤ出版

・森本あんり（2020）『不寛容論——アメリカが生んだ「共存」の哲学』新潮社

・横田雅弘・白土悟（2004）『留学生アドバイジング——学習・生活・心理をいかに支援するか』ナカニシヤ出版

・Sophie Arkoudis, Xin Yu, Chi Baik, Helen Borland, Shanton Chang, Ian Lang, Josephine Lang, Amanda Pearce, Kim Watty (Report authors) (2010) 'Finding Common Ground: Enhancing Interaction between Domestic and International Students, Guide for Academics', Support for the original work was provided by the Australian Learning and Teaching Council Ltd., an initiative of the Australian Government Department of Education, Employment and Workplace Relations.

インターネット資料

・環境省生物多様性 「生物多様性条約」 http://www.biodic.go.jp/biodiversity/about/treaty/about_treaty.html （2022.02.23アクセス確認）

・環境省自然環境局生物多様性センター 「生物多様性条約」 https://www.biodic.go.jp/biolaw/jo_hon.html （2022.02.23アクセス確認）

・国連総会・外務省（2015）「我々の世界を変革する：持続可能な開発のための2030アジェンダ」（国連総会で採択：外務省仮訳） https://www.mofa.go.jp/mofaj/files/000101402.pdf （2022.01.10アクセス確認）

・文部科学省（文部省編）（1992）「学制百二十年史」ぎょうせい https://www.mext.go.jp/b_menu/hakusho/html/others/detail/1318576.htm （2022.05.27アクセス確認）

・文部科学省（2008）「『留学生30万人計画』骨子の策定について」 https://www.mext.go.jp/a_menu/koutou/ryugaku/1420758.htm （2022.05.27アクセス確認）

・文部科学省（2015）「参考5 GCED：Global Citizenship Education（地球市民教育）に

ついて」 https://www.mext.go.jp/unesco/002/006/002/003/shiryo/attach/1356893.htm
（2022.02.23 アクセス確認）
・UNAI「Global Citizenship」 https://www.un.org/en/academic-impact/global-citizenship
（2022.02.23 アクセス確認）

第3章

多様な視点と表現から学ぶ
科学技術コミュニケーション

奥本素子・朴　炫貞

　科学技術コミュニケーションとは、先端的な科学技術について社会のみんなで考えていく活動です。その際、科学技術の専門家が、非専門家に対して相手の知識や意見を決めつけてコミュニケーションをすると失敗すると言われています。対話する相手をステレオタイプ化しないために、私たちにはどのような意識が必要でしょうか。

🔑 キーワード

科学技術コミュニケーション　視点　デザイン　ポストカード　オンライン授業

はじめに

　科学技術コミュニケーション[1]を端的に表現すると、科学技術をテーマに、知識、関心、立場が異なる人々が対話、相互理解、合意形成を成り立たせるコミュニケーションである。科学技術の発展は私たちの生活に大きな恩恵をもたらす一方、環境破壊や大量破壊兵器の製造といった負の側面もあわせもつ。日本においても東日本大震災に伴う福島第一原子力発電所の事故による被害は記憶に新しく、その際に科学技術に対する信頼は一時期大きく喪失した（日本学術会議, 2014 HP）。

　1999年には世界各国の研究者をはじめとする多様なステークホルダーが集まり、「科学と科学的知識の利用に関する世界宣言」（通称、ブダペスト宣言）（世界科学会議, 1999 HP）が作成され、科学技術は社会との相互関係の中で研究・開発されるという21世紀における科学活動の指針が生まれた。

　日本においては、1995年に策定された科学技術基本法で、科学研究、技術開発を進めていくうえで、科学技術と人間、社会および自然との調和についても方針を立てることが規定された。同時に策定された「科学技術基本計画」第1期（1996〜2000年度）では、科学技術への理解を促すために「学習の振興及び理解の増進と関心の喚起」を軸とした活動が進められた。

　ブダペスト宣言以降の第2期（2001〜05年度）においては、「社会のための科学技術、社会の中の科学技術」という観点で科学技術と社会の双方向のコミュニケーションが重要視され、専門家側からの発信だけでなく、社会との対話の場をつくることが目指された。この双方向コミュニケーションが一般的に科学技術コミュニケーションと呼ばれ、研究広報や科学ジャーナリズムを超える新たな活動とみなされた。第2期終盤から第3期にかけての2005年以降、国内の大学や社会教育施設において科学技術コミュニケーションを担う科学技術コミュニケーターを教育するプログラムが次々に設けられた。同時期に街中で専門家と市民が語り合うサイエンスカフェや、全国規模の科学技術を紹介する科学祭が開催され始める。

　北海道大学（以下、北大）では、2005年に政府が拠出した科学技術振興調整

費の支援を受け、科学技術コミュニケーションを担う科学技術コミュニケーターを養成する教育研究組織、科学技術コミュニケーション教育研究部門（CoSTEP）が設立された。CoSTEPの活動は現在まで続いており、国内有数の科学技術コミュニケーション教育研究機関として認識されている。

　CoSTEPは北大の授業科目においても科学技術コミュニケーション教育を複数提供している。留学生と日本人学生がともに学び合う多文化交流科目において、デザインという非言語表現を活用した「北海道大学を発見しよう」は、その中の一つである。

　科学技術コミュニケーションにおいて、多様性を考えることは一つの大きなテーマになっている。科学的話題に対する人々の態度は性別、人種、イデオロギー、学歴など多様な要因が影響をもたらしており、またそれらはトピックごとにも傾向が異なると言われている（Pew Research Center, 2015 HP）。たとえば、科学技術に関するリスクに対しては女性の方が重く受け止めがちという傾向があり（Flynn et al., 1994）、アメリカでは地球温暖化に関する信念は政党支持と大きな影響があるとされている（Hart & Nisbet, 2012）。しかしその影響は、それぞれの環境、文化、そして科学への体験といった複雑な背景が絡み合ったゆえの影響であり、科学への態度を単純化してコミュニケーションを行うと失敗することもわかっている。

　その最たる例が欠如モデル（deficit model）の失敗である。欠如モデルは市民側の科学技術への態度を調査したウィン（Brian Wynne）らによって1990年代ごろから科学技術コミュニケーション研究の中で出てきたモデルである（藤垣・鷹野, 2020）。欠如モデルは、市民側の科学への態度が科学的知識の欠如に由来するものだと仮定して、トップダウンで情報を発信する知識中心のコミュニケーションのモデルである。そのアプローチだけでは科学技術コミュニケーションが機能しないことは多くの先行研究で指摘されている。そのため、近年では多様な観点からのアプローチや、双方向性を重視した対話モデルが注目されている。

　本章では、多様な背景をもった学生がともに学ぶ多文化交流科目において、科学技術コミュニケーションの観点がどう活用されているのかを、筆者らが実践する授業の内容を提示し紹介する。

1. 理論的背景

1-1. 科学技術コミュニケーションにおける理論的背景

　科学技術コミュニケーションと言っても、その活動の目的や形式の幅は広い。ファン・デル・オーワレット（Van der Auweraert, 2005）は、リスクコミュニケーションのモデルを下敷きに、双方向性の度合いを基準として、科学技術コミュニケーションの段階をPUS（公衆の科学理解）、PAS（公衆の科学意識）、PES（公衆の科学関与）、PPS（公衆の科学参画）に振り分けていった（表1）。PUSから PAS、そして参加型のPES、PPSの順で対話の段階が深くなっていくとされている。

　近年は、PESやPPSのような参加型モデルへの移行が推進されている。しかし単にかたちだけの対話や双方向性を確保しただけで参加型の科学技術コミュニケーションが成り立つわけではない。文化や地域によっては、対話以前に科学技術についてカジュアルに学んだり、興味を高める機会を設けることも

表1　科学技術コミュニケーション・エスカレーター

PUS 公衆の科学理解	PAS 公衆の科学意識	PES 公衆の科学関与	PPS 公衆の科学参画
アクター： 科学専門家	アクター： 科学専門家＋ 特定の対象グループ	アクター： 科学専門家＋ 特定の対象グループ＋ 公衆代表者	アクター： 科学専門家＋ 特定の対象グループ＋ 公衆代表者＋ 他分野の専門家
伝え手優位	受け手主導	専門家／素人	パートナー
・情報伝達 ・一方通行 ・一人語り ・トップダウン ・マスメディア	・文脈 ・対象グループ ・ニーズ、希望 ・フィードバックループ	・コンサルティング ・両方向 ・クローズドな参加	・対話双方向 ・オープンな参加 ・双方向 ・ボトムアップ ・ローカルナレッジ
衝突なし	認知的（不完全もしくは誤った理解による）衝突	認知的＋評価的／内省的衝突	認知的・評価的／内省的＋参加的（多様な規範、価値観による）衝突
単純	複雑	不確実	曖昧

出所：Van der Auweraert（2005: 3）より日本語訳。

重要とされている (Schoerning, 2018)。科学技術コミュニケーションを発信と対話の二項対立で考えることには限界があり、それぞれのコミュニケーションの機能というものを分析し、コミュニケーションの課題や目的に合わせた科学技術コミュニケーションをデザインすることの方が重要だと考えられている。そのため、単一の方法だけでなく、複数のアプローチを組み合わせて、双方向で参加を促す科学技術コミュニケーションを実装していく必要がある。

1-2. 科学技術コミュニケーションにおける多様な他者への視点

　対話的な科学技術コミュニケーションを展開する際に、気をつけなければいけないのが他者をステレオタイプ化してしまう点である。これは特に専門家側からの発信の際に指摘されている点である。たとえばカナダの養殖推進派と反対派では、どちらの専門家もこのテーマに関して一般市民が正しい知識を有していないと考えていた (Young & Matthews, 2007)。マランタら (Maranta et al., 2003) は専門家が想像上の素人 (Imagined Lay Person: ILA) を想定して科学技術コミュニケーションを組み立てるとして、そのこと自体を否定はしていないものの、対象者の複雑性や多元性、また想像上のペルソナと現実の違いは認識するべきであると指摘している。

　上記のようなステレオタイプが生み出した失敗の例として、復興庁が福島第一原発の処理水に含まれる放射性物質「トリチウム」をゆるキャラ化し安全性をPRするも、キャラクター化で影響をごまかしている等の声があがり削除された事例があげられる。

　また特定の対象に対しても、ステレオタイプに基づいたコミュニケーションは逆効果を招く。たとえば科学技術コミュニケーション教育における課題の一つに、STEM（科学、技術、工学、数学分野の総称）分野における女性の割合が少ないというテーマがある。そのため、ジェンダーギャップを埋めようとさまざまな対策がとられているが、女子学生への偏見を含んだ科学技術コミュニケーションは逆に反感を生む場合がある。

　たとえば、日本化学会は女子学生が男性教授に恋愛感情を抱いて化学の道に進むというドラマ仕立てのPR動画を作成した。そのストーリーは前時代的でセクハラにつながると批判が上がり、結果的に日本化学会は謝罪に追い込まれ

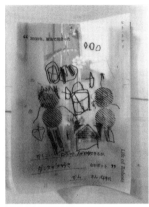

写真1　来場者が考えた未来のロボット

ることになる。

　CoSTEPでは、市民をステレオタイプとみなすのではなく、一人ひとりの意見を汲み上げるボトムアップ型のコミュニケーションを活動に組み込み、その多様性を共有する科学技術コミュニケーター育成のための教育を行っている。

　たとえば、2019年に江別蔦屋書店で行われた「ヒト、トナリ」というイベントでは、食、知識、生活にまつわる意見を書店に訪れた人から募っていった。その中で、暮らしのロボットでは、どのようなロボットが生活にいることが理想なのかを、スタンプと言葉で表現してもらった（写真1）。

　また、新型コロナウイルス感染症拡大時に行われた、ポストコロナを考える「振り返れば未来」という展示では、CoSTEP受講生がいままでの「古い」と「新しい」を自分なりの視点で展示していった。たとえば、写真2は小学校のときに使っていた手渡しのプロフィール帳や交換ノートと、どこにいても情報やヒトとつながれるネットを比較して展示している。懐かしいアナログのコミュニケーションと、現代の情報社会のコミュニケーションを通して、今後コミュニケーションはどう変化しているのかを問いかけた展示であった。

　これらの科学技術コミュニケーションの実践は、発信する相手の多様性を考慮に入れ、科学技術、そしてそれにまつわる活動を自分事として捉え直すようにデザインされている。

写真2　これまでとこれからを自分たちの使った道具から展示する視点

1-3.　科学技術コミュニケーションにおける文化的な視点

　科学技術コミュニケーションの参加型モデルの課題の一つに、対話の場に限られた人しか参加しないという問題がある。対話に参加する人や意見を積極的に表明する人は、もともとその問題に関心がある場合が多いとされており（Nisbet & Goidel, 2007）、より多様な人を科学技術コミュニケーションに巻き込む必要がある。実際、日本では非関心層がサイエンスイベントに参加しないということも指摘されており、心理的・物理的なアクセシビリティを高めた科学技術コミュニケーションが重要だと考えられている。

　その際に有効であると考えられているのが、これまでの科学技術の発信の仕方ではない表現を用いることである。先行研究では、アートや食で科学を発信するアプローチが低関与層のサイエンスコミュニケーションへの参加促進に有効であることが示唆されている（加納ほか, 2020）。

　CoSTEPでは、これらの背景を踏まえて多様な表現で科学技術コミュニケーションを実装している。その一つの側面としてアートやデザイン、食といった一見科学技術には縁遠そうな切り口を用いた発信がある。

　たとえば、北大の構内にある芝生の上で読む本を貸し出す「PICBOOK」（写真3）というイベントでは、アートと科学に関係する本を組み合わせて貸し出

| 写真3　PICBOOKの様子 | 写真4　カガクテルの様子 |

した。参加者は本を借りることによって、自然にアートと科学のつながりを読
むしくみになっている。また、同年に行った「カガクテル」(写真4) というイ
ベントも、札幌をテーマにしたカクテルをふるまうイベントで、そのカクテル
の由来が札幌の地形に関する情報になっている。カクテルを楽しむとともに、
地域の地形という科学的情報に触れるしくみになっている。これらの試みは、
これまで科学技術コミュニケーションの場に参加してこなかった参加者層に向
けたアプローチとして展開された。

2. 授業実践

2-1. 科学技術コミュニケーションの発信手法から学ぶコミュニケーション

　科学技術コミュニケーションの理論的・実践的背景はどのように多文化交流
科目に活用されるのであろうか。前述したように、科学技術コミュニケーショ
ンは情報を伝えるだけでなく、どのように情報を伝えるのかも合わせて考えて
いく。そのため、授業においても、何を伝えるか、そしてどう伝えるのかの2
点を工夫してコミュニケーションする能力を涵養することを目指した。多文化
交流科目「北海道大学を発見しよう」では、科学技術コミュニケーションの背
景を踏まえ、自分の文化的視点を活用しつつ、新たな表現手法で発信するこ
とを目標に設計された。具体的には、発信におけるコミュニケーションを学ぶ
ため、①ステレオタイプにとらわれた発信に陥らないよう多角的・多文化的視
点を獲得し、②切り口を工夫することによってメッセージを受け取る相手が変

わる、拡大するという科学技術コミュニケーションの観点が盛り込まれた。

　多文化交流科目では文系、理系のそれぞれの学生が参加するため、バックグ
ラウンドによる知識の差が生まれないよう、伝えるテーマは「北大の魅力」と
定めた。

　本授業の目的は、多文化の学生構成の中で、学生が互いに自身の文化的背景
も活かしながら北大の魅力を掘り下げ「発見」し、多様な文化をもつ学生同士
のグループワークを通して、自身の視点を「共有」し、北大について発見した
情報を、届ける相手に応じて「表現」するという三つのプロセスから成り立っ
ている。その学習の過程で、発見を通してこれまでとは違う視点で自らの大学
を再発見する「多角的・多文化的視点」、多様なバックグラウンドをもったメ
ンバーたちとの視点をすり合わせから学ぶ「コミュニケーション」表現の切り
口より「プレゼンテーション」を学んでいく。

　対面で授業実施をしていた2019年度までは、留学生、日本人学生を交えた
グループをつくり、授業期間中に北大を表現するテーマを一つ選び、取材を行
い、実際にリーフレットにまとめ、構内で配布するという活動を行っていた
（写真5）。

　リーフレットというメディアを本授業に取り入れた目的は、文字情報と画像
情報といった複数の種類の情報を組み合わせることができるからである。

　まず本授業ではガイダンス後、他己紹介のかたちで各個人の多様性と共通性

写真5　2019年度に作成されたリーフレット

写真6 「よっ友をつくろう」と題したリーフレットの中身

を理解するワークを行う。その後、教員が多様性を考慮に入れてグループ分け
を行い、グループでの活動を行っていく。そして北大の特徴を「ヒト」「モノ」
「コト」に分けて分析し、その中から自分たちの伝えたいテーマを絞っていく。

　たとえば「よっ友をつくろう」（写真6）と題されたリーフレットでは、留学
生と日本人学生の間で気軽に友だちになることが難しいという悩みが共有され
た結果、気軽に知り合いをつくってみるための手段として「よっ」と声を掛
け合うだけの顔見知りである「よっ友」をつくろうというコンセプトが生まれ
た。本リーフレットには「よっ友」の定義から、コミュニケーションのきっかけ
のためのヒント、そして実際に交流が生まれる交流会情報がまとめられている。

　本リーフレットを作成するため、学生は自分たちのネットワークを活用し、
留学生や実際に留学生と交流する会を主宰する学生にインタビューし、情報を
収集した。その後、取材情報をもとに学生たちでどの情報をリーフレットに掲
載するべきなのかという話し合いが行われた。その際、科学技術コミュニケー
ションにおける切り口の重要性と多角的・多文化的な視点に基づいて、発信す

る観点を探っていった。たとえば、「よっ友をつくろう」というリーフレット
では、「よっ友」の定義から、コミュニケーションのきっかけのためのヒント、
そして実際に交流が生まれる交流会情報がまとめられている。

　その後、情報デザインとビジュアルデザインの講義およびグループワークが
行われた。情報デザインでは、情報の重みづけ、表象についてといった情報が
講義によって共有された。またビジュアルデザインでは、色のもつ意味やフォ
ントによる印象といったリーフレットにおけるビジュアル要素について具体的
に解説された。それらの講義をもとに、学生たちは具体的にまとめた情報をよ
りわかりやすいかたちでリーフレットとしてデザインしていった。「よっ友を
つくろう」の事例では、対話形式で情報を伝えていくことによって、友だちが
できない学生の問題解決を導くという構成になっている。

2-2. コロナ禍における授業のオンライン化に向けたデザイン

　北海道は全国に先駆けて新型コロナウイルス感染症拡大予防措置がとら
れ、それに伴い学内での行動指針（BCP）のレベルが引き上げられていた。
CoSTEPでは2020年度初頭に開講方針を決定し、オンライン化に速やかに移
行しつつも、教育の質の担保に努めることがスタッフ内で共有された。その結
果、本授業もオンラインに移行するため授業設計を一から考え直すこととなっ
た。本授業は、グループで行う活動が多く、さらに取材やリーフレット作成と
いった対面活動が頻繁に行われる構成になっていた。それらをすべてオンライ
ン化することには限界があり、オンラインで活動が成り立つようにグループ活
動から個人活動へ活動の範囲を移行して再構成した。

　本授業では発見、共有、表現といった三つの視点の獲得を目的とした構成に
なっている。オンラインでは発見部分と表現部分を個人ワークにして、コミュ
ニケーションにかかわる共有部分は学生間でこれまでどおり行う構成にした
（図1）。

　具体的にオンラインではこれまで行ってきたリーフレット作成から、北大の
風景を用いたポストカード作成に成果物を変更した。成果物をポストカードと
定めたのには以下のような理由がある。

　まず、これまでグループで行ってきた「発見」を促す取材を、自習による

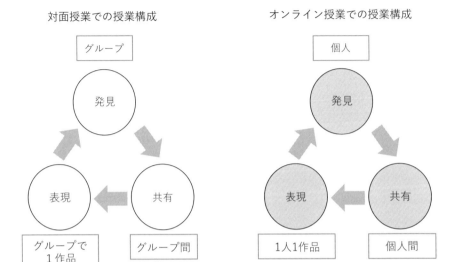

対面授業での授業構成

グループ

発見

表現　　共有

グループで
1作品　　グループ間

オンライン授業での授業構成

個人

発見

表現　　共有

1人1作品　　個人間

図1　オンラインにおける授業構成の変化

フィールドワークとして行えるよう変更した。その際、対面での取材機会を設けなくても済むよう、フィールドワークでは北大内の写真を撮影して素材を集めることとした。遠隔地にいる学生は、その学生の地域で北大と共通していると思う風景やモノの撮影とした。成果物をポストカードにすることによって、発見を個人単位で行え、北大以外の地域から参加した学生も表象的表現を通して北大らしさを表現することが可能になった。

　次に、オンラインで行っていく「共有」の部分においても、これまで作成していたリーフレットがもつアナログな発信の部分を担保するため、ポストカードの形式を採用した。オンライン・コミュニケーションと違い、アナログなコミュニケーションでは修正や即時のフィードバックが得られない分、相手のことを深く想定しながら内容を練る必要がある。学生は具体的にコミュニケーション相手を想定し、自分の伝えたい内容と表現が一致しているかどうかを検討しながら、ポストカードを作成していった。ポストカードを作成する過程では、自身の視点を学生間で共有しながらその表現方法の適切さをピアレビューのかたちで検証していった。最終的には、作成したポストカードを想定した相

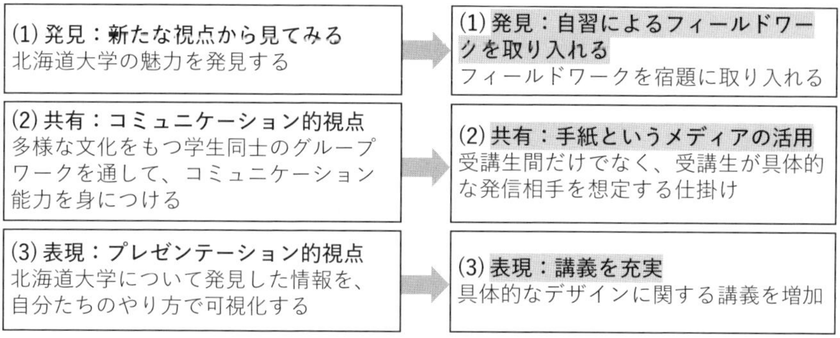

(1) 発見：新たな視点から見てみる 北海道大学の魅力を発見する	→	(1) 発見：自習によるフィールドワークを取り入れる フィールドワークを宿題に取り入れる
(2) 共有：コミュニケーション的視点 多様な文化をもつ学生同士のグループワークを通して、コミュニケーション能力を身につける	→	(2) 共有：手紙というメディアの活用 受講生間だけでなく、受講生が具体的な発信相手を想定する仕掛け
(3) 表現：プレゼンテーション的視点 北海道大学について発見した情報を、自分たちのやり方で可視化する	→	(3) 表現：講義を充実 具体的なデザインに関する講義を増加

図2　オンライン化における変更点

手に送って、その返事をもらうという活動まで授業に取り込み、フィードバックとした。

　最後に表現部分で、これまで学生のグループには教員が付き成果物作成をサポートしていたが、デザインの講義を充実させ、その講義内で学生の提出したポストカードに対してアドバイスしながら手直しをしていった。これにより、これまで行ってきた実践的なプレゼンテーション部分の指導に加えて、知識としてデザインを学ぶ機会を増やしていった（図2）。

2-3. ポストカード制作からの学生の学び

　ここでは具体的に学生の成果物がどのように変化していったのかを見ていく。まず、自習によるフィールドワークで撮ってきた写真だが、授業中に複数回撮影機会を設けており、その中で具体的に写真の撮り方を指導していった。

　たとえばある学生は、北大の大野池という名所を撮影した。最初は池が遠くに写った写真を提出したが、主題が定まらない、水平でないといった指摘を受け、池だけを低いアングルで写した写真を撮り直してきた（写真7）。

　また、ふだんの景色の撮影では撮ることが少ない複数のアングルでの撮影や、送る相手と以前一緒に訪れた同じ場所の風景を撮影するといった工夫をした写真を提出してくる学生もいた（写真8）。

　文化的バックグラウンドの違いや関心の違いによって、撮影する風景も異なっていた。たとえば北欧から来た留学生はコンビニエンスストアの食べ物を

写真7　写真の変化（右が修正後）

春に一緒に来た
家族に自然の美
しさを伝えたい

今年いろいろな
ことがあって大
変だった祖父母
に伝えたい言葉

写真8　相手を想定して複数の写真を撮影する

写真9　それぞれの視点が反映された写真

写真に収め、ある女子学生は女性に対する暴力をなくす運動のシンボルカラーである紫色にライトアップされた古河記念講堂の写真を提出した（写真9）。

　次に、学生は自分のポストカードに使う写真を選んでそこに短い言葉を添える作業を行い、メッセージやニュアンスをより意図どおりに伝えるという観点から言葉を練り直していった。

　たとえば北海道を出た友だちに送る言葉を添えた学生は、最初は「ちょっとした会話が　会えなかった時間を越えさせてくれるね」という散文的な言葉を添えていた。ただ内容を聞いてみると長期間会わなくても通じ合える仲であるというメッセージを伝えたいということがわかった。そこで、「ただいま」「おかえり」と短いメッセージを入れることで、言葉に出さなくても通じ合える表現に変更していった（写真10）。

　また、添える言葉も写真に合わせてフォントや色や入れ方を工夫していった（写真11）。フランスから来た留学生のポストカードでは、日本語を流れるようにデザインし、シンプルな表現のアクセントとしても使っていた。

　残念ながら本授業期間中に入国できず海外から参加した学生も複数いた。その学生たちは自分の国でそれぞれの風景を撮って授業に参加した。韓国から参加した学生は日本の方角の空の写真とともに「来し方行く末」という言葉を添えて、日本に留学できない複雑な心境を前向きに表現した。また中国から参加した学生は、日本でも愛でられる紅葉をモチーフとして選択し、中国のお年玉

写真10　添える言葉を変化させる

写真11　雪の上の轍に沿って言葉を入れていく

写真12　海外から参加した学生のポストカード

袋で使われる赤色になぞらえて二つの文化の接点を表現した（写真12）。

　最後に、学生はポストカードを想定した相手に実際に送付した。授業期間内にポストカードへの返信が来た例もあった（写真13）。コミュニケーションの相手を想定し、数か月かけてポストカードを作成していく過程で、オンライン・コミュニケーションでは得られない、相手を想定し自分の意図を表現していくコミュニケーションを体験する過程となった。

　本授業を受けて学生はどのような学びを行っていったのだろうか。本授業で、ステレオタイプに陥らない多文化的視点をもちつつ、どのようにコミュニケーションを拡張していったか、その過程を学生の感想から見ていく。

　まず、学生は同じ北大生でもそれぞれ選んだ風景が異なるということから多文化的視点を発見したようだ。「自分が撮った写真とクラスメイトが撮った写真を共有して、自分だけの視点じゃなくて北大に対して他の人の視点も知るようになります」や、「印象に残ったのは、人によって北大の視点が全然違うことです」のように、それぞれが風景に北大らしさを感じる観点、そしてその理由を共有することによって、視点の多様性を学んでいった。そしてそのような多様性を学ぶことにより、「今まで慣れた風景にどのような意味が含まれてい

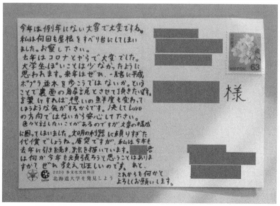

写真13　送ったポストカード

るかもう一度考えるようになったと思います」といった、自分の視点や日常の
風景への内省が促されたことがわかった。

　このような視点の発見だけでなく、学生はポストカードを実際に制作する過
程で、自分が見ている風景をカメラと言葉でどう切り取るのかという、切り
口の重要性も学んでいった。たとえば、「写真の撮り方によって伝えたいメッ
セージだとか写り方が変わってくるという点。単に写真を撮るだけでも難し
く感じた（言葉選びも）。今後も写真を撮ることを継続したい」と、写真と言葉
選びによってメッセージが繊細に変わっていくことを実感していった。また、

「最初のご指導で写真のアングルや表現方法でかなり指摘をいただいたときは
『マジかよ……』と思ったが、直されたところを変えていくうちに自分の表現
の仕方が少しわかった気がした」のように、写真、そして添える言葉というシ
ンプルな構成においても試行錯誤していくうちに、自分のメッセージを表現
していく手段を獲得していったようである。個人で行う際にはワークの情報要
素を絞ったため、リーフレットのときのような多様な情報をまとめ、キュレー
ションを行うという活動はできなかったものの、表現方法によるメッセージ内
容の変化という部分は十分伝わったようである。

　最後に、本授業では不特定多数に伝えるというコミュニケーションから、コ
ロナ禍でより密接なコミュニケーションへとコミュニケーションの深度を深
めていった。その結果、「他人に伝えることを目的として写真を撮るというの
は新鮮だった。授業を通して、北海道大学のこと、自分のこと、送る相手の
こと、といろいろ考える機会になってよかった。今後もポストカードや写真を
用いてコミュニケーションしてみたい」というように、あらためてアナログで
コミュニケーションすることの新鮮さを感じた学生が少なからずいた。また、
「ポストカードは、厳選した一枚の写真を相手のためだけに選んで送るという
特別感が増すので、よりいっそう相手へのメッセージに深みが出るなと感じ
た」といった、相手を想定することでコミュニケーションが深化していくこと
を学びとした学生もいた。

おわりに——本授業を振り返って

　新型コロナウイルス感染症の拡大とそれに伴うコミュニケーション活動の変
化は、科学技術コミュニケーションにも大きな影響をもたらした。対面コミュ
ニケーションが制約される中で、コミュニケーションの本質部分をどのよう
に担保するかは科学技術コミュニケーションにおける大きなテーマであった。
CoSTEPにおいてもサイエンスカフェをオンライン化したり、博物館における
オンライン発信の現状を調査したり、オンライン化することによって、どのよ
うにコミュニケーションが変容し、またコミュニケーションが成立していくの
かを検討していった。本授業も、その実践の一つとして位置づけられる。

「北海道大学を発見しよう」では、クラスメイトとともに学び合い、一つの制作物をつくり上げる協働の過程を通して、多様性とそれを乗り越えた共創を授業の中に取り入れている。科学技術コミュニケーションでは、バックグラウンドや価値観が異なる他者と、どのように共創していくのかが最終的な課題になっていく。そのため本授業のグループワークでは、クラスメイト同士で観点をすり合わせることによって、観点の多様性の理解と融合を重視して設計していった。

　オンライン化した際、多様性の共有と、他者とのすり合わせはどれだけ可能になるのだろうか。今回、一枚の写真を通してふだん自分が通っている大学の風景を語り合うことによって、観点の多様性がよりわかりやすく共有化された。観点を焦点化することによって、オンラインにおいても十分多様性の共有ができたと考えられる。また、ポストカード制作の際には、ピアレビューを入れて、何度もポストカードを改訂したことにより、他者の意見を取り入れながらの制作ができた。ポストカードは個別制作であったが、制作過程を共有することによって、他者との共創が実現したのである。

　本科目は北大が実施する授業アンケートに基づき、「令和2年度エクセレント・ティーチャーズ」にも選出され、学生の満足度も高かったことがわかった。オンライン授業という制約の中での活動という観点からデザインし直した本授業の課題や活動ではあるが、私たち自身も表現の要素が限定された中で、学生が試行錯誤して自分のメッセージを写真や短いコピーで表現する様子を見て、十分に手応えのある課題であったのだと感じた。また個別の成果物を持ち寄ることにより、グループワークでは見出せなかった個々の視点というものが強調され、多様な視点を知る機会としては効果的であったと考えられる。さまざまな工夫を通して、多様性の共有や観点のすり合わせといったチームワークで行ってきた活動が、個別活動でも実施できたと確認できたことが本授業の一番の実りであった。

考えてみよう

1. 大学は学ぶためだけの場所ではない。自分がもっている大学のイメージを、「ヒト」「コト・モノ」「場所」に分けて、考えてみよう。あなたにとって大学とは、どんな場所だろう。
2. 自分の大学生活を象徴できる場所を写真に撮ってみよう。そしてその場所に込めた思いをひとことで言い表してみよう。その写真を他の人に見せて、感想を聞こう。
3. イメージとは言葉で言い表すのが難しいため、そのイメージを具体的な形式にのせて表現することを表象と言う。表象は伝わる場合もあれば、伝わらない場合もある。どうしてだろう。自分の撮った写真のイメージが相手に共感を生んだ理由、もしくは違和感を生んだ理由を考えてみよう。

ブックリスト

1. 今和次郎（1987）『考現学入門』筑摩書房
2. 原研哉（2017）『Ex-formation』平凡社
3. 藤垣裕子・廣野喜幸（編）（2020）『科学コミュニケーション論 新装版』東京大学出版会
4. 奥本素子・朴炫貞・一條亜紀枝・越後谷駿・好井優衣・堤光太郎（2017）『「札幌可視化プロジェクト」を可視化する──アートで見る科学技術コミュニケーション』北海道大学高等教育推進機構オープンエデュケーションセンター科学技術コミュニケーション教育研究部門（CoSTEP）
5. 奥本素子（編）（2023）『サイエンスコミュニケーションとアートを融合する』ひつじ書房

注記

1　科学技術コミュニケーションには、サイエンスコミュニケーションという一般名詞があ
　るが、本章では筆者らが所属する機関であるJST（国立研究開発法人科学技術振興機構）
　の表記に基づき科学技術コミュニケーションという名称を用いた。

引用文献

・加納圭・一方井祐子・水町衣里（2020）「科学イベントへの参加意向と実際の参加者層の
　分析──『サイエンスカフェ』と『サイエンスとアートの融合イベント』との比較」『科
　学教育研究』44（4）, pp.254-260
・藤垣裕子・廣野喜幸（2020）『科学コミュニケーション論 新装版』東京大学出版会
・Flynn, J., Slovic. P., & Mertz, K. (1994) Gender, Race, and Perception of Environmental Health
　Risks. *Risk Analysis*, 14(6), pp.1101-1108
・Hart, S. & Nisbet, C. (2012) Boomerang Effects in Science Communication: How Motivated
　Reasoning and Identity Cues Amplify Opinion Polarization About Climate Mitigation Policies.
　Communication Research, 39(6), pp.701-723
・Maranta, A., Guggenheim, M., Gisler, P., & Pohl, C. (2003) The Reality of Experts and the
　Imagined Lay Person. *Acta Sociologica*, 46(2), pp.150-165
・Nisbet, C. M. & Goidel, K. R. (2007) Understanding Citizen Perceptions of Science Controversy:
　Bridging the Ethnographic—Survey Research Divide. *Public Understanding of Science*, 16(4),
　pp.421-440
・Schoerning, E. (2018) A No-conflict Approach to Informal Science education Increases Community
　Science Literacy and Engagement. *Journal of Science Communication*, 17(3), pp.1-16
・Van der Auweraert, A. (2005) The Science Communication Escalator. Steinhaus, N. (ed),
　Advancing Science and Society Interactions. *Conference Proceedings Living Knowledge
　Conference Seville*, Spain, 3-5 February, pp.237-241
・Young, N., & Matthews, R. (2007) Experts' Understanding of the Public: Knowledge Control in a
　Risk Controversy. *Public Understanding of Science*, 16(2), pp.123-144

インターネット資料

・世界科学会議（1999）『科学と科学的知識の利用に関する世界宣言（1999年7月1日採
　択）』文部科学省　https://www.mext.go.jp/b_menu/shingi/gijyutu/gijyutu4/siryo/
　attach/1298594.htm（2022.02.28アクセス確認）
・日本学術会議（2014）『科学と社会のよりよい関係に向けて──福島原発災害後の信頼喪

失を踏まえて』 http://www.scj.go.jp/ja/info/kohyo/pdf/kohyo-22-t195-6.pdf（2022.02.28 アクセス確認）

・Pew Research Center (2015) Americans, Politics and Science Issues. Pew Research Center https://www.pewresearch.org/science/2015/07/01/americans-politics-and-science-issues/（2022.05.17 アクセス確認）

第4章

多様性を資源とする批判的思考の育成

小林由子

みなさんは、「考え方の技術」という授業タイトルから、どのような内容を想像するでしょうか。異なる背景や母語をもつ人々とのコミュニケーションは、自分が無意識に使っている言葉の使い方や、もっている暗黙の前提や考え方を意識することを可能にし、さまざまな面からものごとを考えることを可能にします。すなわち、学習で重要とされる「メタ認知」やジェネリックスキルである批判的思考を学ぶための豊かな資源となるのです。この章では、異なる背景や母語をもつ人同士のコミュニケーションを通じて言葉や思考についてのメタ認知や批判的思考を高めるためにはどうすればよいかを考えます。

🔑 キーワード

批判的思考　メタ認知　意識化　リテラシー　ジェネリックスキル

はじめに

　批判的思考は、多様な視点から考える力を養い市民リテラシーを培うために不可欠なジェネリックスキルであり、さまざまなアプローチで教育実践が行われている。その基礎はメタ認知であるが、メタ認知には個人差があるため、メタ認知的知識とメタ認知的コントロールを養成していく必要がある。メタ認知の養成にあたっては、協働的な活動が有効であるとされる。

　多文化交流科目では、背景の異なる受講者のグループワークを通じて各人がもつ暗黙の前提や差異が可視化され、協働して考えていく活動が中心となるため、メタ認知が行われやすい。多文化交流科目は、批判的思考を養うために理想的なプラットフォームである。

　そこで、多文化交流科目「考え方の技術」では、非日本語母語話者と日本語母語話者の共修授業における「お互いの差異の可視化」を活かしつつ、日本語でのグループディスカッションを通じて認知心理学的な観点からメタ認知および批判的思考を養成することを主眼とした。

　しかしながら、「考え方の技術」では、参加する留学生の日本語のレベルを「中級以上」に設定しているため、上級レベルの日本語が必要な抽象的な話題を扱うことが難しい。また、日本人学生も自らの母語である日本語を意識して使ったことがなく、日本語レベルが中級の留学生と日本語でコミュニケーションする際には日本語の意識化が必要となる。そのため、思考に先立ち、使用する日本語についても意識化を進めなければならない。

　授業で扱うトピックの選定と言語・思考の意識化の双方を、具体的な事例によって、より適切な順序で行うことに留意することも重要である。

　この章では、日本語が中級レベル以上の留学生と日本語母語話者がほとんどを占める学部正規学生がともに批判的思考を育むことを目的とした授業「考え方の技術」について、理論的背景と実践の概要を述べ、これから学ぶ学生に対してはメタ認知と批判的思考についての基本的な理論と実際の学び方を、教育実践者に対しては実践例と背景となる理論を提供することを目指す。

1. 理論的背景

1-1. メタ認知

　メタ認知は、自らの認知についての認知である。学習場面において、メタ認知を促すような支援が教師や仲間から与えられると、生徒は効果的な方略を用いることができる。また、支援による足場づくりや方略についての仲間との話し合いによって、学習者の自律的な方略使用を促進できる（三宮, 2008b）。多文化交流科目で行うグループワークのような協働的活動はメタ認知能力を高めることが知られている。

　多文化交流科目は文化的・言語的背景が異なる受講者のグループワークを中心的な活動としている。自分の意見を明確化し、他者の視点を考慮しながら発言していくためにはメタ認知を働かせることが要求される。この観点から、多文化交流科目はメタ認知を促し働かせることができる有効なプラットフォームであると言える。「考え方の技術」においても、グループワークの中で背景の異なる受講者がお互いの多様な考え方に触れ意見交換をすることが授業で重要な役割を果たしている。

　三宮は「自分の知的能力を実際に発揮しうるか否か、うまく活用できるかはメタ認知にかかっている」と述べている（三宮, 2007b: 27）。また、学習の転移や熟達化にはメタ認知が深くかかわっている（米国学術研究推進会議, 2002）。メタ認知の養成は学習者に不可欠である。

　図1は三宮（2007a）によるメタ認知の分類である。

　メタ認知は、メタ認知的知識とメタ認知的活動の二つのコンポーネントからなる。

　メタ認知的知識は、「人間の特性についての知識」「課題についての知識」「方略についての知識」の3種類に分けられる。「人間の特性についての知識」は、「人間は一般的にどのような認知特性を有するのか」「自分にはどのような特性があるのか」「他者との関係において一般的な人間や自分にどのようなことが起こるのか」についての知識である。また、「課題についての知識」は、その課題がどのようなものかについての知識である。「方略についての知識」

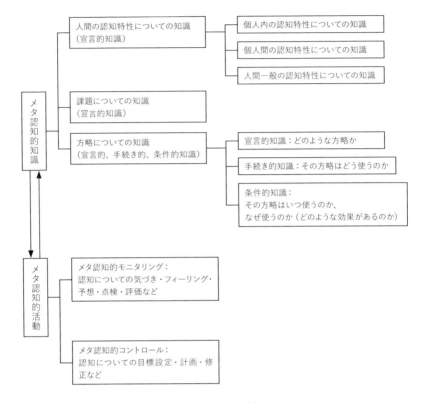

図1　メタ認知の分類

出所：三宮（2008a: 9）をもとに作成。

は、具体的課題の遂行にあたり、方略にはどのようなものがあるのか、その方略はいつ、どのような場面で、どのような理由で使うのかに関する知識である。

　図2は、課題遂行時に、事前段階・課題の遂行段階・事後段階においてどのような「メタ認知的活動（メタ認知的モニタリング、メタ認知的コントロール）」が行われるかを示している。

　課題を遂行する際、遂行前には、事前に困難度や達成可能性を予想し、目標設定・計画・方略選択を行う。遂行中は、課題の困難度を再評価し、遂行状況や方略を点検しながら達成予想と実際のズレを認識する。そして、課題達成に向けて、目標修正・計画変更・方略変更を行っていく。課題遂行後は、達成度

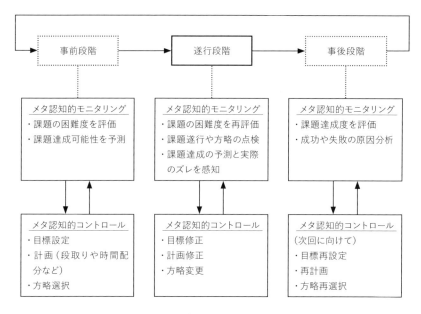

図2　課題遂行時におけるメタ認知的活動

出所：三宮（2008a: 10）をもとに作成。

を評価し成功や失敗の原因分析を行ったうえで、次回に向けて目標再設定・再計画・方略の再選択を行う。このサイクルによって課題の遂行は改善されていく。

　これは、理想的な課題遂行者の活動であるが、人間は完璧ではない。メタ認知的行動のためにはデータベースとしてメタ認知的知識が不可欠である。授業においては、メタ認知を養成するために、まず「人間の認知特性についての知識」として「メタ認知」の存在と人間一般や自分自身を知らなければならない。そして、個々の課題をメタ認知的知識により意識化しながら、「方略についての知識」を使って実際に課題を遂行し、問題を解決していく必要がある。

　では、メタ認知養成のために、授業ではどのような課題を取り上げるべきだろうか。「考え方の技術」ではメタ認知が重要な役割を果たす「批判的思考」を主な課題とすることとした。

1-2. 「批判的思考」

(1)「批判的思考」とは

楠見（2016）は、批判的思考を「証拠に基づく論理的で偏りのない思考」「自分の思考過程を意識的に吟味する省察的で熟慮的な思考」「よりよい思考を行うために目標や文脈に応じて実行される目標志向的な思考」と定義している。そして、学問・研究に必要なリテラシー、および日常生活・職業生活において情報を鵜呑みにせず立ち止まって考えるという市民としての生活を支えるために必要なリテラシーであり、幅広い場面で働くジェネリックスキルであるとしている。

図3は楠見（2015）による批判的思考の構成要素とプロセスである。

楠見は、批判的思考を、多様な視点から考えること・科学リテラシー・リスクリテラシー・市民リテラシー・メディアリテラシーなどの基盤となるスキルであるとしている。

そのプロセスは、マスメディアや他者との会話から情報を得たのち、①メタ認知的態度と知識によって情報の内容や構造などの明確化を行う、②隠れた前提や根拠を考慮しつつ推論の土台の検討を行う、③価値判断などの推論を行い行動決定や問題解決を図る、というものである。情報の明確化から行動決定・

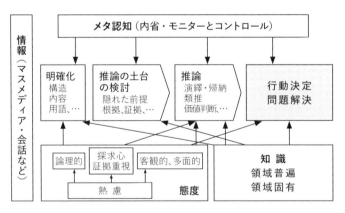

図3　批判的思考の構成要素とプロセス

出所：楠見（2015: 19）をもとに作成。

問題解決までのすべての過程にメタ認知がかかわっており、メタ認知的知識の獲得とメタ認知的活動の向上は批判的思考能力の養成に必須である。批判的思考とメタ認知との関係の詳細については田中・楠見（2007）を参照されたい。

　また、国際的教育プロジェクトであるATC21S（Assessment and Teaching of 21st Century Skills）は「21世紀型スキル」として、以下の四つのカテゴリーに分かれた10個のスキルを定義している（グリフィンほか, 2014: 46）。

思考の方法
　1. 創造性とイノベーション
　2. 批判的思考
　3. 学び方の学習・メタ認知
働く方法
　4. コミュニケーション
　5. コラボレーション（チームワーク）
働くためのツール
　6. 情報リテラシー
　7. ICTリテラシー
世界の中で生きる
　8. 地域とグローバルのよい市民であること（シチズンシップ）
　9. 人生とキャリア発達
　10. 個人の責任と社会的責任（異文化理解と異文化適応能力を含む）

　「コミュニケーション」「コラボレーション」「シチズンシップ」「異文化理解と異文化適応能力を含む個人・社会的な責任」などは多文化交流科目の他科目でも養成可能であろう。「考え方の技術」では、上記に加えて、特に「批判的思考」「学び方の学習・メタ認知」「情報リテラシー」に焦点を当てる。

(2) 批判的思考の養成と心理学的アプローチ
　教育上の重要性から、批判的思考の養成については、近年多様な試みが行われている。楠見ほか（2011）では、大学における批判的思考養成のためのさま

ざまな実践が紹介されている。また、レイノルズほか（2019）のように、批判的思考そのものを養うための大学生向けの教科書も出版されている。

　道田（2012, 2015）は、批判的思考教育のアプローチを「ビジネス・アプローチ」「論理学的アプローチ」「心理学的アプローチ」に分類している。

　「ビジネス・アプローチ」は、ビジネスを円滑に行うために、批判的思考の技法を用いて、ビジネス上の問題の分析と解決策の検討を行うものである。「論理学的アプローチ」は、論理的思考を養成することを目的としている。人間は、迅速な判断の際のヒューリスティクス（必ず正解が得られるわけではないが、迅速かつ簡単で、ある程度解決に有効な結果を得ることができる方略）の使用や認知資源の限界のため、論理的に考えることは得意ではない。思考心理学の分野においては、人間の推論の誤謬についての研究が古くから行われている。授業での学習活動には、テキストの論理性を判断する、因果関係の原因と結果の混同、論証の構造の理解などが含まれる。

　「心理学的アプローチ」は、「人間は完璧ではなく、誤りを犯す存在である」ことを前提とし、その心理的メカニズムに焦点を当てたアプローチである。トピックとしては、ヒューリスティクスの使用、因果関係を推測するときに原因と結果を逆に考えてしまうなどの錯覚、他人の行動を説明するときの基本的帰属錯誤、自分自身を振り返るときの自己奉仕バイアスなどさまざまな事項がある（道田, 2015）。また、心理学者であるカーネマン（Daniel Kahneman）が2002年にノーベル経済学賞を受賞したことを契機に、行動経済学からのアプローチも盛んに行われている（カーネマン, 2012など）。

　人間が犯してしまうこれらの認知的な誤りは「認知バイアス」と呼ばれ、すべての人間にあり、消し去ることができないものである。そのため、適切な判断を行う際には、人間が認知バイアスをもっており判断を誤るものであるという「人間についてのメタ認知的知識」が重要である。

　「認知バイアス」という用語は、コロナ禍以降、広く用いられるようになり、鈴木（2020）や藤田（2021）などの入門書が出版されているが、その種類は多く、分類方法も多様で初学者にはやや煩雑である。また、人間が社会生活に適応する中で生まれた心理的メカニズムに注目した進化心理学的なアプローチも出現している（石川, 2022）。

　大学での授業では、ビジネス・アプローチは、キャリア形成を目的にした
コースで使うことができる。また、論理学的アプローチでは、高度な言語運用
能力があれば考え方を訓練することができる。

　しかし、「考え方の技術」の前身である多文化交流科目「クリティカル・シ
ンキング」では、日本語が上級レベルの留学生と学部学生を対象とし、論理学
的アプローチを採用したものの、ある程度の効果は見られたが、十分な成果を
上げることができなかった。理由としては、留学生の認知的負荷が高かったこ
と、日本語の理解に意識が向けられることが多かったこと、特に漢字圏学習者
の「テキストは批判的に読むものではない」という強い信念を崩せなかったこ
となどがある。

　日本語レベルが中級の非日本語母語話者が受講者に含まれる「考え方の技
術」では、2-2で述べるように、身近ではない話題や日本語の負荷が高い内容
を扱うことはできない。ビジネス・アプローチや論理学的アプローチをとるこ
とは非現実的である。また、日本の大学生を対象とした批判的思考の教科書も
使うことは難しい。

　心理学的アプローチでは、すべての人間がもつ認知バイアスについて、具体
的な事例から学ぶことによって、メタ認知能力や批判的思考を養成することが
できる。また、受講者の背景が多様であることから、グループワークにおいて
身近で具体的な事例について異なる見方が共有され、さまざまな面から事例に
ついて考えることが可能になる。

　そのため、「考え方の技術」では、心理学的アプローチを採用した。しかし、
先に理論や概念を紹介すると、具体的な事象を理論に当てはめることに受講者
の注意が向けられてしまい、具体的なトピックについて考えることが困難にな
ることが実践初期に明らかになった。理論の紹介は、具体的な事項を検討し
てから徐々に行っている。また、トピックは社会的な情勢や受講生の志向に
よって変わるため、最適なトピックや学習の順序については継続的に見直し
ている。

2．授業実践

2-1．授業の概要

　「考え方の技術」の受講者は、1学期あたり約30名前後である。内訳は、学部正規学生（以下、学部学生）12名程度、学部正規学生ではない留学生が12〜18名程度で、専門はそれぞれ異なる。

　学部学生は「一般教育演習」として履修するため1年生がほとんどであるが、稀に2〜4年生もいる。ほとんどの学期で、学部学生にも留学生が含まれる。

　受講者について、本章では、日本語が母語か否かに焦点を当てる際には「日本語母語話者・非日本語母語話者」、身分上の差異に焦点を当てる際には「学部学生・留学生」、文化的な差異に焦点を当てる際には「日本人学生・留学生」の用語を用いる。

　授業の目的は、非日本語母語話者と日本語母語話者の共修によって、コミュニケーション手段としての日本語運用と批判的思考を行うためのメタ認知能力を養い、具体的な複数のトピックによって批判的思考について学んだ後、授業に関連した内容について具体的にテーマを設定しレポートが書けるようになることである。

　授業の内容は「ガイダンス」「日本語を意識する」「考え方を意識する」に大別される。

　「ガイダンス」では、授業の内容を予告するとともに、メタ認知について説明し、メタ認知の養成が授業の主な目的であることを伝える。

　「日本語を意識する」では、中級日本語学習者がいることから、外国語のレベルの捉え方についてOPI（Oral Proficiency Interview）のレベル分けをもとに考える。また、コミュニケーションの際には、受け手と目的が重要であることについて、「自己紹介」「メールを相手と目的を意識して評価する」「よいレポート・論文の条件を考える」ことを題材として、グループディスカッションと講義により、意識化を図る。また、「メディアリテラシー1」として、レポートを書く際の引用や参考文献の明記、資料の吟味を取り上げる。

　「考え方を意識する」については、受講者間の差異が可視化されやすい具体

的なトピックを選び、具体的な事例から徐々に理論を紹介する。トピックとしては、「スキーマ」「ステレオタイプ」「信じるとは（ジンクス・占い・疑似科学・科学リテラシー）」「フェイクニュース」「認知バイアス」などを取り上げ、あわせて、「メディアリテラシー 2」としてニュースや他者からの情報源の吟味を行う。

　トピックは、学期により受講者の決定時期が異なること、受講者の希望などの理由により、学期ごとに内容や順序が変わる。また、社会的背景の異なる受講者が混在するため、政治的・思想的トピックは扱わないことを授業開始時に伝えている。

　授業形態は、2018～19年度は教室における対面授業だったが、コロナ禍のため、2020～21年度はZoomによるオンライン授業、2022年度は対面授業を基本とし渡日できない留学生はZoomで参加するハイブリッド授業として行った。2022年度以降は可能な限り対面授業で行っている。また、プラットフォームとしてGoogle Classroomを使用している。

　授業は、トピックごとに、以下のような流れで行う。

・予習的課題（次回の授業のトピックについて自分の経験や文献により事前に考える）
・グループワーク
　　予習してきた内容の共有
　　授業で提示された事項についてのディスカッション
・グループワークのクラス全体への共有
・教員による補足的な講義とまとめ
・復習的課題（授業で学んだことについての振り返り）

　グループワークのグループはそれぞれ3～4名で構成され、日本語を母語とする学生としない学生が混在するように教師側で設定する。グループのメンバーを固定するかどうかについては、実施学期によって受講生の希望が異なるものの、学期中に他のすべての学生とグループワークが可能な限り行えるよう配慮している。

　また、グループワークの内容の共有については、2020年度以降はGoogle

Classroomのスプレッドシートや Jamboard などへの書き込みにより可視化し、学期中は Google Classroom の授業ページで閲覧できるようにした。

　くわえて、Google Classroom 導入後は、受講者からも情報を求めつつ参考となる論文やウェブサイト等についてファイルやリンクを掲載し、知見を深めたい受講者に閲覧・共有を推奨している。

　評価は、授業への積極的参加、提出課題、最終レポートによって行う。

　積極的参加の評価は、対面授業では教室での、オンライン授業では Zoom のブレイクアウトルームでの参加の観察記録、スプレッドシートなどへの書き込み、予習的課題の内容などにより行い、課題の評価は提出率と内容の評価により行っている。課題には、授業の予習的課題・振り返り的課題と授業についての感想および自らについての振り返りが含まれる。

　非日本語母語話者は日本語での文献調査が難しいため、自分のわかる言語での資料の使用を推奨している。「メディアリテラシー1」ではレポートや論文での「よい資料」について学ぶが、Google Scholar など日本語以外の資料についても検索できるウェブサイトや大学図書館の電子資料について紹介し、活用を促している。留学生から学術的資料の検索に有効なサイトの情報がもたらされることもある。コロナ禍以前は、大学図書館が一般教育演習を対象に提供していた図書館ガイダンスを利用していたが、2022年時点では利用していない。

　最終レポートは、授業の内容に応じて受講者それぞれが課題を設定し執筆する。学部学生は必修科目「情報学」で「レポートの書き方」について全員が学んでおり、留学生にも日本語科目でレポートの書き方を学んでいる者があるが、苦労している受講者が多い。課題を設定し、論拠に基づいて一貫して考え、結論を出すスキルを養成することも「考え方の技術」の重要な目的であるため、授業の一環として授業終了前に最終レポート作成支援を主な目的とした個人面談を行っている。

　留学生は外国語である日本語を使用することによる認知的負荷のためハンディキャップがある。そこで、授業で可能な限り平易な日本語を使用する、必要に応じて質問に対応し説明する、グループワークの参加などを注視し必要があれば援助する、日本語母語話者に配慮を求める、理解可能な言語での資料活用を勧める、個人面談で支援をしつつ課題の問いを具体的にする、日本語の間

違いについては評価に含めないなど、評価に不公平が生じないよう最大限の配慮を行っている。

2-2.　中級日本語学習者と日本語母語話者の共修における制約と利点

日本語レベルが中級以上の留学生が日本語でコミュニケーションを行う際には、言語的な制約がある。授業実施にあたっては、その制約に配慮する必要がある。

表1は、牧野（2001: 18-19）をもとに作成したOPI（Oral Proficiency Interview）で定められた話す力のレベル判定基準の一覧である。

表1　OPIレベル判定基準の概要

	初級	中級	上級	超級
機能タスク	暗記した語句を使って、最低の伝達などのきわめて限られた内容が話せる	意味のある陳述・意味内容を模倣ではなく創造できる。サバイバルのタスクを遂行できるが、会話の主導権を取ることはできない	詳しい説明・叙述ができる。予想していなかった複雑な状況に対応できる	裏づけのある意見が述べられる。言語的に不慣れな状況に対応できる
場面話題	非常に身近な場面で挨拶を行う	日常的な場面で身近な日常的な話題が話せる	インフォーマルな状況で具体的な話題がこなせる。フォーマルな状況で話せることもある	フォーマル・インフォーマルな状況で、抽象的な話題を幅広くこなせる
テキストタイプ	語・句	文	段落	複段落
文法	文法はないに等しい	高頻度構文をかなりコントロールできる	談話文法を使って統括された段落がつくれる	基本構文に間違いがまずない。低頻度構文には間違いがあるが伝達に支障は起きない
語彙	わずかの丸暗記した基礎語彙が使える	具体的で身近な基礎語彙が使える	漢語系の抽象語彙の部分的なコントロールができる	語彙が豊富。特に漢語系の抽象語彙が駆使できる
発音	母語の影響が強く、外国人の日本語に慣れている人にもわかりにくい	外国人の日本語に慣れている人にはわかる	外国人の日本語に慣れていない人にもわかるが、母語の影響が残っている	誰が聞いてもわかる。母語の痕跡がほとんどない
流暢さ	流暢さはない	つかえることが多く一人で話し続けることは難しい	ときどきつかえることはあるが、一人でどんどん話せる	会話全体が滑らか

出所：牧野（2001）より作成。

ACTFL（The American Council for Teaching Foreign Language）が外国語の会話能力を判定するために開発したOPIでは、プロフィシエンシー・レベルを初級・中級・上級・超級に分け、判定基準を示している。

OPIでの判定基準と日本語クラス配置のためのレベル判定基準は必ずしも一致しないが、特に日本国外で日本語を学習した留学生には、文法中心、理解中心の教育を受けてきた者が少なくなく、上級レベルの日本語クラスに在籍していてもOPIでは「中級」相当と判断される受講生もいる。すなわち、グループワークでの学部学生との日本語でのコミュニケーションにあたっては、抽象的な話題や身近ではない話題は使えない。グループワークのトピックは具体的で身近なものである必要がある。したがって、授業設計にあたっては、グループメンバーと共有しやすく身近でかつ参加メンバーの異なる背景を活かせるようなトピックを設定しなければならない。

また、非日本語母語話者とのコミュニケーション経験がほとんどない日本語母語話者は、非母語話者の日本語に慣れていない。そのため授業開始時のグループワークでは、日本語が中級レベルの留学生と日本人学生の日本語でのコミュニケーションはスムーズではないことが多い。しかし、日本語中級レベルの非日本語母語話者との日本語でのコミュニケーションは、日本語の意識化・コミュニケーションスキルや傾聴的な態度の養成、母語話者だけのものではない多様な日本語を知るなど、日本語を母語とする学生の世界を広げる絶好の機会となる。くわえて、非日本語母語話者の日本語使用は、日本語母語話者にとって外国語学習のロールモデルとなる。

2-3.「多様性」を活用した取り組み

ここでは、多様性を活用した取り組みの例として、「日本語を意識する1・2」「スキーマとステレオタイプ」「信じるとはどのようなことか」「メディアリテラシーとフェイクニュース」を紹介する。

(1) 日本語を意識する
「日本語を意識する1」では、「外国語・日本語運用のレベルの意識化」と情報の受け手と目的の意識化のイントロダクションを目的としている。

　「考え方の技術」の初期の感想として最も多いのは、日本語母語話者の「留学生が予想以上に日本語ができるので驚いた」、非日本語母語話者の「日本人と日本語でコミュニケーションできるのは嬉しいが難しい」である。

　繰り返し述べているように、「考え方の技術」を受講する非日本語母語話者の日本語レベルは中級以上であり、非母語話者の日本語に慣れていない日本語母語話者には理解しづらいことがある。一方、日本語母語話者は、グループワークにおいて日本語のコントロールをしなければならないが、母語である日本語を無意識に使ってきたため、非日本語母語話者にとって何が難しいかがわからない。非日本語母語話者の側には、実際に日本語母語話者と日本語で話すことに対する期待とともに不安がある。

　そのため、グループワークにおいては、まずグループ内で自己紹介をしてもらったあと、クラス全体で何が難しかったかを共有する。また、日本語母語話者については、グループワークでの自分の日本語を振り返ってもらう。その後、OPIに基づいた外国語のプロフィシエンシー・レベルについて紹介し、日本語でグループワークをする際に非日本語母語話者にとって何が難しいか、日本語母語話者は何を意識しなければならないかを意識化・共有する。

　この授業セクションの目的は、第一には自己開示と日本語運用の意識化である。また、日本語母語話者に対してはグループワークの際の日本語を意識しコントロールできるようになる、傾聴する、コミュニケーションがうまくいかないときにも受け入れ対処するという姿勢の養成を、非日本語母語話者に対しては日本語レベルの意識化と不安の低減、間違っても大丈夫であるという安心感をもつこと、自分の日本語に対する自己効力感の向上を図ることを目的としている。そのため、日本語母語話者は日本語を意識しておらず、かえって日本語をうまく使えない場合があること、非日本語母語話者と日本語母語話者がコミュニケーションを行う際に生じる不具合は、成長するためのステップであることを強調している。授業は正しさを求められる場ではなく、間違いによって学ぶことができる場である。

　表2は、「日本語を意識する2」の概要である。「クラス活動」には、関連する知識を活性化するためのクラス全体でのグループワークの予備活動とグループワークの結果の共有が含まれる。「日本語を意識する2」では、情報の受け

表2 「日本語を意識する2」概要

回	目的	トピック	クラス活動	グループワーク	講義	課題
1	対面での情報提供 目的に応じた情報の調整	自己紹介	自己紹介に必要な情報を出し合う 目的が異なる場合の自己紹介の違いを考える	「日本語を意識する1」での自己紹介を踏まえ、再度グループ内で自己紹介をし、情報が必要な点についてお互いに質問し合う。グループの他のメンバーについてクラス全体に紹介する	自己紹介の形式と内容 相手と目的による自己紹介の違い	グループワークを経て精緻化した自分の自己紹介をGoogle Classroomのスプレッドシートに書き込む（学期終了まで授業ページの一番上に掲示。学期中は編集可）
2	目的に応じた書面でのメッセージの調整	メールの書き方	メールを書いた経験のシェア メールを書く際の留意点	提示された「問題のある定型的なメール」の問題点を考える 提示された「非定型的な目上の相手への依頼メール」の留意点を考える	定型的なメールの留意点 メールでよく使われる表現 非定型的で、目上の相手に負担をかけるメールの留意点	メールを書く際の留意点をまとめる
3	中立的な文章（レポート・論文）の書き方	レポート・論文の書き方	レポートや論文を書いた経験 レポートを書くときに何が大変かの共有	レポートと論文の違い 良いレポートの条件	レポートと論文の違い 説明文と論説文 レポートの構成 良いレポートの条件 問いの大きさを考える	自分がレポートを書く際の弱点を振り返り、どうすればよいかを考える

手と目的を意識することが情報を得る際にも発信する際にも重要であることを理解し、複数の例から受け手と目的を意識した情報発信を行うことに焦点を当てている。

「自己紹介」では、特定の相手に対するメッセージについて、目的に応じて内容が異なることを意識化する。自己紹介は、「日本語を意識する1」でも行っ

ているが、クラス全体で異なる目的（サークルやアルバイトなど）の自己紹介の違いを考え、目的と受け手による情報のコントロールの理解を促す。また、グループメンバーに対して必要な情報を考えながら自己紹介を再度行い、グループの他のメンバーを紹介するというタスクにより、グループ内での質問応答を通じてお互いの情報を精緻化する。課題として作成した自己紹介はクラス内で共有し、その後のグループワークでお互いを知る手段となる。

　「メールの書き方」については、非日本語母語話者は日本語の授業で学んだ者がいるが、日本語母語話者で学んだ経験がある者はきわめて少ない。社会生活での必要性の高さを鑑み、定型的・非定型的なメッセージの違い、目上の受け手の負担を考慮すること、その際、どのような言語形式を用いるかに焦点を当てている。

　「レポート・論文の書き方」については、学部学生は前述のように必修科目で学んでいるが理解は十分ではない。また、1年生が多いため、レポートを書いた経験は少ない。留学生は日本語科目で書き方を学んでいる者が多いが、意識は内容ではなく言語形式に向けられがちである。

　メールやレポートの書き方については、無意識に母語を使っている日本語母語話者よりも、日本語の授業で体系的な教育を受けている非日本語母語話者の方が意識化が容易であることがよくあり、日本語母語話者をリードする場面が見受けられる。外国語として日本語を学んでいることによって非日本語母語話者が日本語母語話者を凌駕でき、自己効力感を高めるトピックであると捉えることもできる。

　「多文化交流科目」で批判的思考を扱うことを決めた背景の一つに、留学生および学部学生に対する「レポートの書き方」の指導に筆者が長年かかわってきたことがある。当時の授業の焦点は、論文の構成や文体など言語的な側面が中心であったが、言語的な側面ではなく思考力の養成が重要であることを痛感させられた（小林, 2007）。

　レポートと論文の違いを取り上げるのは、レポートや論文を書く必要があるにもかかわらず違いを知らない受講者が例年多いためである。また、構成については、「序論・本論・結論」「起承転結」をあげる者が多いが、明らかにしたい目的（問い）を具体化し論拠に基づいて一貫性をもって結論（答え）を導くこ

と、目的と結論を明記すること、問いを立てる際には疑問詞を使って具体化することを強調した。さらに、「説明文」と「論説文」の違い、レポートの問いを立てるにあたって多くの論拠と複雑な組み立てが必要な「大きな問い」（例：フェイクニュースとは何か）を立てがちであるので具体的な「大きくない問い」（例：自分はどのようにフェイクニュースを信じてしまったか）を立てること、「なぜ」という問いは因果関係を結論として導き出すことが難しく、「どのように」などの疑問詞を使って考え説明文として書く方が容易であることを示した。

　最終レポートは受講生にとって難しいものの一つである。そのため、前述のように、最終レポート執筆前に対面またはオンラインで面談を行い、適切な具体性をもつ問いを立てることを中心に個別に指導を行っている。また、「日本語を意識する2」のあと、レポートや論文で使用する文献の引用表示の必要性、参考文献リストの書き方、どのような資料を選ぶべきか、著者や出版社をどのように評価するか、どのように資料を探すかについて「メディアリテラシー1」を実施している。

(2) スキーマとステレオタイプ

　批判的思考養成にあたり意識化が望ましい心理学的概念に「スキーマ」がある。スキーマは、広義には「既有知識の体系」、狭義には人工知能研究や認知心理学研究での「ある対象についての概念的知識の集合」である（市川, 2011）。

　ステレオタイプは、スキーマの一つと考えることができる。ある社会的集団カテゴリーに関する知識や信念で、その集団に属する個人にも一律に当てはめられてしまうことが多い。集団とその集団に属する個人についての過度に一般化された知識で、否定的な認知は特に偏見と呼ばれる。ステレオタイプや偏見はほぼ自動的に活性化される（林, 2015）。

　ステレオタイプは社会生活を営む過程で人間に備わったと考えられており、捨て去ることはできない。したがって、人間がステレオタイプをもってしまうこと、そのステレオタイプが適切とは限らないこと、ステレオタイプはどのようにつくられるかを自覚することが重要となる。ステレオタイプは無意識に想起され固定的な誤った認知をもたらす大きな原因となるため、ステレオタイプの意識化は、批判的思考の育成に欠かせない。

表3　「スキーマとステレオタイプ」概要

回	目的	トピック	クラス活動	グループワーク	講義	課題
1	スキーマについて知る ステレオタイプについて知る 自分がもつステレオタイプを意識する	日本人に対するステレオタイプ 日本文化・社会についてのステレオタイプ	日本についてのステレオタイプの例をクラス全体で共有 日本の慣用句（例：女だてら）などの背後にあるステレオタイプ	日本人についてどのようなイメージをもっているか。メンバーによる違いを知る ステレオタイプがなぜ生じたかを振り返る	スキーマとは ステレオタイプをつくり出す認知バイアス ステレオタイプ回避	（事前課題：自分が知っているステレオタイプ） 自分がもっているステレオタイプがなぜ生じたかを振り返る

　受講者のもつ「ステレオタイプ」はそれぞれ異なり、個人差や文化差が大きい。そのためグループワークでお互いの知識を共有することにより、その差に気づきステレオタイプを意識することができる。

　表3は「スキーマとステレオタイプ」の授業概要である。

　実践当初は、グループメンバーの国のイメージを取り上げたが、日本人学生がグループメンバーの国について知らないことが少なくなかった。そのため、受講者全員が共通してもっていることが想定される日本人についてのステレオタイプを取り上げることとした。日本人のステレオタイプについては、メンバーの中に当事者がおり、日本人学生と留学生の関係は非対称的であるため、差異が可視化されやすい。

　スキーマやステレオタイプの形成については、グループワークの前に、人間の知識構造がスキーマをつくる特性をもっているという認知的な側面について講義を行う。また、社会生活において迅速な判断が必要な場面でヒューリスティクスを使わなければならないため、スキーマやステレオタイプは有利に働くこともあるが、そのスキーマやステレオタイプが必ずしも適切ではない場合が多いことを示す。

　認知バイアスとしては、「確証バイアス（自分の考えと合うもののみに注意が向けられ自分は正しいと思う）」「内集団・外集団バイアス（自分が属する集団については好意的に評価し集団の個々人に注意を払うが、自分が属さない集団についてはメンバーの性質がすべて同じであると捉えがちで、内集団に比べて評価の好意度が下がる）」「ハロー効果（身分や肩書などにより良い評価をしてしまう）」などが判断に影響す

ることを扱った。また、「自分がステレオタイプをもっていると判断されることを恐れる・自分をステレオタイプで判断してしまう」という「ステレオタイプ脅威」（スティール，2020）についても取り上げた。

最終レポートでは、スキーマやステレオタイプについて課題としたものも多く、自分がもっているスキーマやステレオタイプに対する省察や、コロナ禍での差別や分断の考察など、自己や社会情勢を反映した興味深いものが見られる。

(3) 信じるとはどのようなことか

人間の認知には限界があり、完全に合理的な判断はできない。何も信じずに生きていくことはできないが、信じるときには認知の歪みが生じることが少なくない（邑本・池田，2017など）。より適切な判断をするためには、人間が何かを信じる際のメカニズムを知り、人や課題についてのメタ認知能力を養わなければならない。

表4は「信じるとはどのようなことか」の実践の概要である。

「信じるとはどのようなことか」では、文化による多様性が見えやすく受講者全員が何らかの予備知識をもっている「ジンクス」を共有することから始め、「迷信」「占い」「超常現象」など信じられやすいものを区別し、「血液型心理学」を経て「疑似科学」について考えることを通して、最終的には科学リテラシーについて理解することを目的としている。

この取り組みは菊池（2011, 2015a, 2015b）、菊池ほか（1995）に示唆を受けたものである。菊池は、非クリティカルな考え方の代表である「疑似科学」や「超常現象」の検討は認知心理学と批判的思考を効果的に結びつけるために有効であるとし、疑似科学や超常現象の検討を通じて認知心理学の観点から人間の認知について知り批判的思考を養うことを目的とした日本人大学生に対する授業を継続的に行っている。

「考え方の技術」実践の初期には科学リテラシーを授業内容に含めていなかったため、最終レポートで占いを科学であると主張して譲らない受講者が出現するなど、科学リテラシーを授業に取り組む必要性を痛感した。

「考え方の技術」での取り組みにあたっては、認知心理学的知見と批判的思

表4　「信じるとはどのようなことか」概要

回	目的	トピック	クラス活動	グループワーク	講義	課題
1	「信じていること」の個人差や文化差を意識する	ジンクス	どのようなジンクスがあるか、気にするかを全体で共有	どのようなジンクスを知っているか ジンクスを信じるか信じないか、それはなぜか	ジンクスとは何か ジンクスを信じるメカニズム	(事前課題：知っているジンクス、ジンクスを気にするか、それはなぜか) 「ジンクス」「迷信」「占い」「疑似科学」はどう違うと思うか
2	「信じてしまうもの」の区別を明確にする	ジンクス 迷信 占い 超常現象 疑似科学	占いの種類 占いを気にするか 「血液型心理学」を知っているかについての全体的な共有	「迷信」「占い」「超常現象」「疑似科学」の違い 「血液型心理学」をどう考えるか	「迷信」「占い」「超常現象」「疑似科学」の違い なぜ信じてしまうのか 「血液型心理学」は科学か	疑似科学の例 「科学的」とはどのようなことだと思うか
3	科学リテラシー	疑似科学 「科学的」とは	疑似科学にはどのようなものがあるか、疑似科学の背景についての共有	疑似科学にはどのようなものがあるか 疑似科学はどのように生じるのか	「血液型心理学」は疑似科学である 疑似科学の背景 「科学的」とはどのようなことか	「疑似科学」とどのようにかかわっていけばよいか 自分が信じてしまった疑似科学についての振り返り

考を結びつけることができるほか、受講者の多様な文化的背景が可視化でき、かつ全員がある程度の予備知識と好奇心をもってグループワークができる具体的なトピックとして、「ジンクス」や、「ジンクス」と関連はあるが性質が異なる「迷信」「占い」「超常現象」「疑似科学」を取り上げた。また、「科学」の定義についても補足的な講義を行った。

　「血液型心理学」は1970年代に日本で誕生したもので、日常会話において話題になることが多く、台湾や中国にも広がっている。しかし、大規模調査において両者は無関係なこと（縄田, 2014）、追試での再現性がないこと、反論を受け付けないこと、解釈に問題があることなどから「疑似科学」としてパーソナ

リティ心理学の専門家からも否定されている（サトウ・渡邊, 2011など）。そのため、具体的でグループワークで内容が共有されやすく、科学リテラシーを意識するために好適なトピックと言える。

「血液型心理学」は、授業前には「迷信」「占い」「疑似科学」と解釈が分かれ、肯定的な「論文」が掲載された「血液型心理学」肯定論者によるウェブサイトを論拠として科学的であると主張する受講者もあった。具体的なトピックを使ったグループワークと講義を通じて、科学リテラシーについての理解は深まったと考えられる。

「信じてしまう」メカニズムについては、関連する認知バイアスとして、「確証バイアス」、「後知恵バイアス（情報を知ってから以前から知っていたように錯覚する）」、「バーナム効果（一般的に当てはまることが自分にだけ当てはまると錯覚する）」、前後して起こったことに相関があると錯覚してしまうことなどを取り上げた。

最終レポートでは、疑似科学を信じてしまうメカニズムや具体例の考察が複数見られる。また、自らの経験を深く考察するなど、興味深い振り返りが見られる。

(4) フェイクニュースとメディアリテラシー

授業実施前の聞き取りによると、受講者のほとんどは、インターネットから情報を得ており、ニュースについても同様である。紙媒体の新聞を読んでいる者は少なく、ニュースを得るウェブサイトにも違いがある。しかし、メディアによる違いやウェブサイトによる情報の違いに注意を払う者は多くはない。

特にコロナ禍以降は、他者と接する機会が減りインターネットから情報を得ることが増えたようである。また、社会的な不安が高まっていることからフェイクニュースが増え、そのニュースがフェイクであるかどうかを見分けることは難しくなっている。

そこで、ニュースソースについてのメディアリテラシーを「メディアリテラシー2」として設定し、フェイクニュースとともに授業のトピックとした。フェイクニュースについては、主に笹原（2018）を参考にした。

実践の概要を表5に示す。

表5　「メディアリテラシー・フェイクニュース」概要

回	目的	トピック	クラス活動	グループワーク	講義	課題
1	ニュースを得る際のメディアリテラシーについて知る	ニュースを得るためのメディアを意識する	ニュースをどのように入手しているか、メディアを利用する際の注意点について共有	どのようにニュースを得ているか話し合う 示されたメディアについて、違いと利用するときの留意点について考える	ニュースメディアの種類 ニュースメディアを利用する際の留意点	(事前課題：ニュースをどのように入手しているか、留意している点は何か) ニュースを知る際のメディアの利用で気をつけるべき点は何か
2	フェイクニュースについて考える	フェイクニュースとは	知っているフェイクニュースの共有 フェイクニュースと類似した概念(デマ・プロパガンダなど)の区別	授業で示されたフェイクニュースが、どのような理由・プロセスで信じられたか考える	嘘・デマ・プロパガンダ・陰謀論・誤情報・偽情報の違い フェイクニュースとフェイクではないニュースの違い	(事前課題：自分が知っているフェイクニュース) 事前課題とは異なるフェイクニュースについて紹介し、なぜそのニュースが信じられたかを考えて書く

　メディアリテラシーについては、まず、自らが利用しているメディアと利用の際の留意点を事前課題として課し、グループワークで共有する。その後、それぞれのメディアの特徴、メディアを利用する際の留意点について講義で補足したうえで、課題で自分がメディアを使う際にどのような点に注意すべきかを振り返る。

　フェイクニュースについては、例年、受講者が知っていることを事前に提出してもらうが、その種類はあまり多くなく、受講者の文化差も見られる。また、学部学生は、必修科目である「情報学」で提示された例（地震の際に動物園のライオンが逃げた）を書いてくる者が非常に多い。このことは、特に注意を払わなければフェイクニュースに気づきにくいことを示唆しているように思われる。

　そこで、政治的・思想的背景のない、受講者が知らないと考えられるフェイクニュースを具体的に提示し、そのフェイクニュースがどのような理由で

信じられてしまったのかをグループワークで議論することとした。その後、フェイクニュースが信じられ拡散されるメカニズムについて講義を行い、課題であらためて自分がフェイクニュースを信じてしまうメカニズムについて考える。メカニズムについてのディスカッションでは、留学生から自分の国のフェイクニュースの例が出されることも多く、日本人学生への刺激になっている。

フェイクニュースを信じるメカニズムは、すでに取り上げているスキーマ、ステレオタイプ、疑似科学と共通するため、授業開始時に比べ理解は容易になっている。最終レポートでは、自分がフェイクニュースを信じてしまった過程について具体的に振り返る者が少なくない。

おわりに

本章では、受講者が多様な背景をもち差異が可視化されやすい多文化交流科目において、心理学的なアプローチでコミュニケーションに使用する言語と人間の思考について意識化を行い、ジェネリックスキルである批判的思考を養成する実践例について述べた。

日本語が中級レベルの非日本語母語話者と日本語母語話者が日本語で共修するためには、非日本語母語話者の認知負荷を低減するための配慮やトピックの選択が重要である。トピックについては、受講者や社会状況の変化などにより継続的に変えていく必要があるが、今後は、リスクリテラシー・文化心理学・行動経済学などの新たなトピックを取り入れることを検討中である。また、受講者の授業への参加をより促進する方法や評価方法の改善も今後の課題である。

授業内容や方法については今後も精査を続け、多文化交流科目での受講者の多様性を最大限に活かしていきたい。

考えてみよう

1. 母語や文化が異なる者がともに学ぶ場合、可視化されるのはどのようなことだろうか。また、どのようなことが学べるだろうか。
2. ステレオタイプにはどのようなものがあるだろうか。また、そのステレオタイプはどのように形成されるのだろうか。
3. フェイクニュースやうわさなどについて、真偽を確かめずに信じてしまうことはないだろうか。具体的な例としてはどのようなものがあげられるだろうか、また、どのようなメカニズムで信じてしまうのだろうか。

ブックリスト

1. 楠見孝・道田泰司（編）（2015）『批判的思考——21世紀を生きぬくリテラシーの基盤』新曜社
2. 楠見孝・道田泰司（編）（2016）『批判的思考と市民リテラシー——教育、メディア、社会を変える21世紀型スキル』誠信書房
3. 日本心理学会（監修），邑本俊亮・池田まさみ（編）（2017）『心理学の神話をめぐって——信じる心と見抜く心』誠信書房
4. 笹原和俊（2018）『フェイクニュースを科学する——拡散するデマ、陰謀論、プロパガンダのしくみ』化学同人
5. 三宮真智子（2018）『メタ認知で〈学ぶ力〉を高める——認知心理学が解き明かす効果的学習法』北大路書房

引用文献

・石川幹人（2022）『だからフェイクにだまされる』筑摩書房
・市川伸一（2011）『学習と教育の心理学 増補版』岩波書店
・レスリー−ジェーン・イールズ−レイノルズ，ブレンダ・ジャッジ，エレイン・マックリー

リー，パトリック・ジョーンズ（2019）（楠見孝・田中優子 訳）『大学生のためのクリティカルシンキング──学びの基礎から教える実践へ』北大路書房

・ダニエル・カーネマン（村井章子 訳）（2012）『ファスト＆スロー──あなたの意思はどのように決まるか？』早川書房

・菊池聡（2011）「疑似科学をめぐる懐疑的・批判的思考法」楠見孝・子安増生・道田泰司（編）『批判的思考力を育む──学士力と社会人基礎力の基盤形成』有斐閣，pp.154-161

・菊池聡（2015a）「疑似科学」楠見孝・道田泰司（編）『批判的思考──21世紀を生きぬくリテラシーの基盤』新曜社，pp.258-263

・菊池聡（2015b）『超常現象をなぜ信じるのか──思い込みを生む「体験」のあやうさ』講談社

・菊池聡・谷口高士・宮元博章（編著）（1995）『不思議現象 なぜ信じるのか──こころの科学入門』北大路書房

・楠見孝（2015）「心理学と批判的思考」楠見孝・道田泰司（編）『批判的思考──21世紀を生きぬくリテラシーの基盤』新曜社，pp.18-23

・楠見孝（2016）「市民のための批判的思考力と市民リテラシーの育成」楠見孝・道田泰司（編）『批判的思考と市民リテラシー』誠信書房，pp.2-19

・楠見孝・子安増生・道田泰司（編）（2011）『批判的思考力を育む──学士力と社会人基礎力の基盤形成』有斐閣

・パトリック・グリフィン，バリー・マクゴー，エスター・ケア（編）（三宅なほみ 監訳，益川弘如・望月俊男 編訳）（2014）『21世紀型スキル──学びと評価の新しいかたち』北大路書房

・小林由子（2007）「留学生向け日本語授業の日本人学生への応用──一般教育演習『レポートゼミ』での実践」『高等教育ジャーナル』15，pp.67-74

・笹原和俊（2018）『フェイクニュースを科学する──拡散するデマ、陰謀論、プロパガンダのしくみ』化学同人

・サトウタツヤ・渡邊芳之（2011）『あなたはなぜ変われないのか』筑摩書房

・三宮真紀子（2008a）「メタ認知研究の背景と意義」三宮真紀子（編著）『メタ認知──学習力を支える高次認知機能』北大路書房，pp.1-16

・三宮真紀子（2008b）「学習におけるメタ認知と知能」三宮真紀子（編著）『メタ認知──学習力を支える高次認知機能』北大路書房，pp.17-37

・鈴木宏昭（2020）『認知バイアス──心に潜むふしぎな働き』講談社

・クロード・スティール（2020）（藤原朝子 訳）『ステレオタイプの科学』英治出版

・田中優子・楠見孝（2007）「批判的思考におけるメタ認知の役割」『心理学評論』50(3)，

　　pp.256-269

・縄田健吾（2014）「血液型と性格の無関連性——日本と米国の大規模社会調査を用いた実証的論拠」『心理学研究』85(2)，pp.148-156

・林創（2015）「ステレオタイプと偏見／信念」楠見孝・道田泰司(編)『批判的思考——21世紀を生きぬくリテラシーの基盤』新曜社，pp.56-59

・藤田政博（2021）『バイアスとは何か』筑摩書房

・米国学術研究推進会議(編著)（森敏昭・秋田喜代美 監訳）（2002）『授業を変える　認知心理学のさらなる挑戦』北大路書房

・牧野成一（2001）「OPIの理論と日本語教育」牧野成一・鎌田修・山内博之・斉藤真理子・萩原稚佳子・伊藤とく美・池崎美代子・中嶋和子(編)『ACTFL-OPI入門——日本語学習者の「話す力」を客観的に測る』アルク，pp.8-49

・道田泰司（2012）『最強のクリティカルシンキング・マップ』日本経済新聞出版社

・道田泰司（2015）「批判的思考教育の技法」楠見孝・道田泰司(編)『批判的思考——21世紀を生きぬくリテラシーの基盤』新曜社，pp.100-105

・邑本俊亮・池田まさみ(編)（2017）『心理学の神話をめぐって——信じる心と見抜く心』（日本心理学会心理学叢書）誠信書房

付記：本稿はJSPS科学研究費補助金（課題番号19H01276）の助成を受けている。

第5章 社会の多様性と言語バリエーション

鄭　惠先

みなさんは「言語バリエーション」ということばから何を想像しますか。方言？　敬語？　それとも英語？　ここでは、ことばのさまざまな姿に目を向け、ことばの多様性が私たちの生きる社会とどうかかわっているかを考えてみたいと思います。

🔑 キーワード

属性　コミュニケーションスタイル　役割語　World Englishes　やさしい日本語

はじめに

　本章では、言語を考察の対象として、言語内外のさまざまな要素が生み出す「ことばの多様性」に注目する。ことばの多様性を学術的に考察する言語学の下位分野の一つに「社会言語学」がある。現代の理論言語学の父と呼ばれるノーム・チョムスキーが、言語の脱社会化に基づいた科学的方法論の確立と言語の普遍性を追究してきたのに対して、社会言語学の父と称されるウィリアム・ラボフ（William Labov）は、言語と社会を切り離すことはできないと言い、言語は常に社会の中で社会と関連づけて研究されるべきだと主張してきた（東, 2009: 2）。すなわち、ことばの共通性の発見を研究の到達点とする理論言語学と違って、社会言語学は、言語内にすでに存在することばの多様性に目を向けると同時に、社会とともに変化していくことばの流動的な一面を捉えることに研究の意義を見出している。

　社会言語学は、「すべての言語は平等である」「すべての言語は社会的に色づけされている」という、一見して相反する二つの考え方を研究の基本的な立場とする。つまり、それぞれの言語は、その構造や体系が異なるだけであって優劣をつけられるものではないが、それぞれ異なる社会・経済的価値、社会的有用性をもっていると考える。1960年代以降、世界を取り巻く多民族、多文化主義の盛り上がりに影響され、さまざまな社会的・政治的な変化の中で、言語においてもその多様性を肯定的に評価する環境がつくられた。そんな中で、チョムスキー流の理論言語学に対する「社会から隔離された、抽象的な学問だ」という反発も手伝って、ことばと社会の関係を探る社会言語学という学問分野がさらに評価されることになったのである。

　したがって、本章では、社会言語学の視点からことばの多様性について考える。第1節では、言語内の多様性を象徴する「言語バリエーション」という概念について、その定義を述べ、従来のバリエーション研究における典型的な現象を「属性」と「コミュニケーションスタイル」の二つの側面から紹介する。第2節では、世界のグローバル化とともに変化することばのあり方の例として「World Englishes」と「やさしい日本語」を取り上げ、それらのリンガフラン

カとしての役割について述べる。第3節では、多文化交流科目として開講した「日本語のバリエーション」という授業について概説し、「ことばの多様性」に対する学生の主体的かつ能動的な考察のために、授業の中でどんな仕掛けを設定して、その過程で学生がどのように学びを深めて内省を高めていったかを事例とともに述べる。

　本章を通して、ことばの多様性から社会の多様性に気づき、そのつながりをより深く理解できることを目指す。

1. 社会言語学から見る「ことばの多様性」

1-1. 言語バリエーションとは

　ことばの多様性を象徴する言語学用語に「言語バリエーション」がある。これは、もともと variety of language、language variation からの訳で、日本語では言語変種、言語変異とも呼ばれ、社会言語学における最も基礎となる概念でもある。言語バリエーションをひとことで言うと、「同じことを言うための異なった言い方のグループ」と表現できる。以下に示す作例の (1)～(4) の a と b のペアがいわゆる言語バリエーションの例となる。

(1) a. 早く行かなきゃ。
　　 b. 早よう行かんば。
(2) a. 今度一緒にご飯食べようね。
　　 b. 今度一緒にめし食おうぜ。
(3) a. 鈴木は何時に行ったの。
　　 b. 鈴木さんは何時にいらっしゃったの。
(4) a. どうも。あつこでーす。
　　 b. よろしくお願いいたします。田中敦子と申します。

　上記例の (1a) と (1b) を区別する要素は話し手の出身地で、(1b) での文末形式の「～んば」は「～なければ」という意味の長崎弁である。日本で生まれ育った日本語母語話者であれば、相手についての個人情報がまったくない場

合でも、(1b)のような話し方を聞くと「九州出身の人かな」と察することができるだろう。次に、(2a)と(2b)は話し手の性別によるバリエーションで、(2b)に男性語の終助詞「ぜ」が使われているところから推察することができる。また、(3a)と(3b)を区別する要素は、話題の人物との社会的な関係である。「いらっしゃる」は「行く」の尊敬語で、話題の人物（鈴木）と話し手との上下・親疎関係に合わせてどちらかを選択することになる。(4a)と(4b)は、両方とも初対面の人に対する自己紹介の場面だが、(4a)がプライベートのカジュアルな場面で用いられるインフォーマルな話し方だとすれば、(4b)はもう少し公的な場で用いられるフォーマルな話し方だと言えよう。

　言語バリエーションには大きく分けて二つの種類がある。まず、上記例の(1)(2)のように、地域や性別などの話し手の属性が使い分けの尺度になるものを「方言」と呼ぶ。本来、方言と言えば、東京方言、大阪方言といった「地域方言（regional dialect）」を思い浮かべる人が多いが、ここでの方言とは、性別・世代・階層・集団といった身体的、または社会的な属性によるバリエーションを指す「社会方言（social dialect）」をも含んだ概念である。また、上記例の(3)(4)のように、会話参加者間の関係、または場面や発話の意図が使い分けの尺度になるものを「レジスター（register）」と呼ぶ。たとえば、上下・親疎関係による敬語の使用や、書きことばと話しことば、丁寧体と普通体といった文体上の区別も、聞き手や場面にかかわるレジスターのバリエーション要素である。

　しかし、これらの区分や見方はあくまでも便宜的なものである。当然ながら、人間は複数のグループに属し、複数の属性をもつ。さらに、多様な人間関係をもちさまざまな場面に遭遇する。私たちの日常の言語活動にはいくつものバリエーション要素が絡んでおり、その社会で望ましいとされる規範に沿って、いまここでどのバリエーション要素を重視すべきかを常に見計らいながらコミュニケーションする必要がある。よって、実際に私たちが言語活動を行う際には、方言とレジスターが多面的かつ立体的に交差しながら機能することとなる。

1-2. 日本語における言語バリエーション

　日本語は言語バリエーションが豊富な言語として広く知られている。古くか

ら国語学の分野では、言語バリエーションと類似する概念として「位相」「位相差」といった用語を用いてさまざまな研究がなされてきた。この用語について、田中（1999）では以下のように定義されている。

　　社会的な集団や階層、あるいは表現上の様式や場面それぞれにみられる、言語の特有な様相を「位相」といい、それに基づく、言語上の差異を「位相差」と呼ぶ。（p.1）

　それぞれの用語をまったく同じ概念として認めるのは語弊があるが、本章では、従来の「位相」という用語もゆるく組み込む概念として、社会言語学においてより馴染みがある「言語バリエーション」という用語を用いることとする。

　前述したとおり、言語バリエーションは、関係や場面によるバリエーションの「レジスター」と、話し手の属性によるバリエーションの「方言」の2種類に分けられる。日本語におけるそれぞれの特徴的な例として、敬語と地域方言を取り上げることができる。まず、日本語の複雑な敬語体系は、場面によるバリエーションの「レジスター」の代表的な例である。日本語の敬語は大きく、尊敬語、謙譲語、丁寧語、美化語に分けられる。さらに、「いらっしゃる、うかがう」といった辞書的敬語と、「お〜になる、ご〜する」といった文法的敬語に分類されるなど、敬語の言語形式のバリエーションが豊富で、運用上の制限も多い。よって、日本社会において互いの関係や場面にふさわしい敬語を適切に使い分けることは、ときには社会人としての資質を計る尺度にされることもあり、外国人日本語学習者を悩ませる学習項目の代表格でもある。このような「場面による敬語の使い分け」は、日本語の多様性を示す言語行動の一つと言える。

　次に、属性によるバリエーションの「方言」の代表的な例に地域方言がある。日本の地域方言は、北海道、東北、関東、中部、近畿、中国、四国、九州、沖縄に大別できるが、さらに細かく見ていくと、日本国内にはかなり多くの方言形式が散在しており、それぞれ音声的な特徴や独自の文法体系を有している。このように多様な様相を見せる日本の方言だが、長い歴史の中で地域方

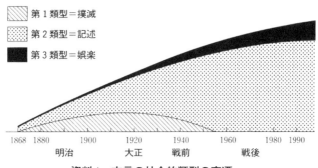

資料1　方言の社会的類型の変遷
出所：井上（2000: 153）より抜粋。

言に対する政策や評価は大きく変化してきた。資料1は、日本方言の社会的価値が歴史的にどう変遷したかを示したものである。戦前、政策的に方言を撲滅の対象としていた時代から、戦後、方言の調査・保護を目的とした記述の時代を経て、現在は方言を遊ぶ娯楽の時代へと変わってきたことがわかる。田中（2011）では、若者を中心に当の方言話者でない人がSNSなどのマルチメディアを通して方言をコミュニケーションツールとして使ったり、方言ドラマの流行で擬似的な方言のかたちが生成・普及したりする現代日本語における地域方言の使われ方を「方言コスプレ」という新しい用語を取り入れて説明している。これは、娯楽としての方言の流行りを立証することばであり、ひいては、地域方言が話し手の属性によるバリエーションの「方言」の枠を超えて、キャラづくりという発話意図や場面によるバリエーションの「レジスター」の枠へと、その使用範囲を拡張してきたことを意味する。

　地域方言のほかに、日本語は、性別、世代、職業などによるバリエーションの「社会方言」も豊富な言語である。これらを網羅する概念に「役割語」という用語がある。次項では、日本語の中でのことばの多様性を象徴する概念として「役割語」を取り上げ、その定義とそれが生まれた背景、影響などについて詳述する。

1-3.　役割語

(1)　役割語の定義

　まず、以下のA～Fの言葉づかいにふさわしいと思われるイラスト（人物像）を①～⑥から選んでみよう。

【それをわたしにください】

A.　それをわらわにたもれ

B.　それ、あたしにくんなーい？

C.　そいつをあっしにおくんなせえ

D.　そちらのお品をわたくしに
　　ください ませんこと？

E.　それをわしにくれんかのう

F.　それ、ボクにくだちゃい

出所：日高（2020: 89）より抜粋。

　クイズの正解は、A-⑥、B-③、C-④、D-②、E-①、F-⑤である。日本で生まれ育った日本語母語話者であれば、このクイズは簡単であろう。日本語には、その人物のイメージに彫り込まれた言葉づかいのバリエーションが数多く存在する。このような、地域、性別、世代、職業などによるバリエーションを「役割語」と言う。役割語は、日本語学者の金水敏によって提唱された用語で、金水（2003）では、以下のように定義されている。

　　ある特定の言葉遣い（語彙・語法・言い回し・イントネーション等）を聞くと
　特定の人物像（年齢、性別、職業、階層、時代、容姿・風貌、性格等）を思い浮か
　べることができるとき、あるいはある特定の人物像を提示されると、その人
　物がいかにも使用しそうな言葉遣いを思い浮かべることができるとき、その
　言葉遣いを「役割語」と呼ぶ。（p.205）

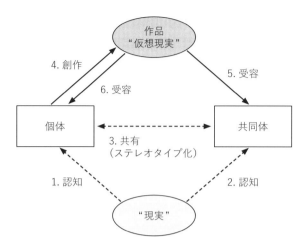

資料2　役割語の発生と継承

出所：「〈役割語〉トークライブ！」の図をもとに作成。

　なかには、上記クイズのＡのように、いまの時代には存在しない言葉づかいであっても、私たちの頭の中に共通した言語意識として焼きつけられているものも多い。前述した「位相」という用語が実社会で使用されることを前提としているのに対して、「役割語」という概念はそのことばが表れる世界が現実かバーチャル空間かは問わないという点で特徴的である。たとえば、「ウソぴょん」「ねこだにゃん」のような動物の挙動や鳴き声を発話の語尾につけた動物語や、機械的な響きや震えが特徴の宇宙人語など、実在する人物の言葉づかいでないものも役割語に含まれる。そのため、現代社会において私たちは、マンガやアニメなどのサブカルチャーの中で多様な役割語に接することができる。

　役割語は基本的に「ステレオタイプ」をその心理的な基盤としており、それぞれの社会と言語のつながりが顕在化して象徴的に用いられることになった言語現象である。そして、多くの役割語は、現実の話者の話し方を言語リソースとしている。「役割語」の提唱者である金水は、研究社WEBマガジンで役割語の発生と継承について資料2の図をもとに説明している。まず、ある時代のどこかで、実際にそのような話し方をする人が存在しており、その話し方を共

同体が認識することになって社会で共有されれば（1〜2. 認知）、一つの「ステレオタイプ」として生成されることになる（3. 共有）。このように生成されたステレオタイプを手がかりに、次の段階では、創作者が自分の作品の中で特定の人物像を表現するための手段としてその言葉づかいを用いることになる（4. 創作）。最後に、作品に触れた人たちがその言葉づかいを人物の属性と結びつけて理解することになれば（5〜6. 受容）、ステレオタイプが強化されるとともに、その言葉づかい、つまり役割語が当の言語共同体の常識として完全に定着することになるのである。

（2）アルヨことば

　ある時代にあるところで使われていたことばがそのまま役割語として定着した一例に「アルヨことば」がある。「アルヨことば」とは、マンガやアニメなどのフィクション作品の中で、中国人が話す日本語を表現した典型的な役割語で、文末に「アルヨ」「アル」「アルカ」、または「ヨロシイ」などをつけて話す非標準的な日本語のかたちである。

　資料3は、高橋留美子作『らんま1／2』というマンガ作品の一部で、そこに登場するシャンプーという中国出身のキャラクターは、「デートするある」「来るよろし」といった典型的なアルヨことばを話す。しかし、現実社会の中国人日本語学習者の中に、このような言葉づかいをする人はいない。それにもかかわらず、アルヨことばは、フィクションの中で中国人を表象する言葉づかいとして定着している。まさしく創作というバーチャル空間だけにある「役割語」なのである。

資料3　マンガ作品『らんま1／2』の一部
出所：『らんま1／2』© 高橋留美子／小学館。

それでは、フィクションの世界で中国人を表象するこの言葉づかいは、歴史的にどのようにして中国人と結びつけられるようになったのだろうか。金水（2014）によると、アルヨことばは、19世紀後半、数少ない開港都市であった横浜市で、外国人と日本人、英語圏と中国語圏の間で用いられた日本語をベースとした混合言語の「横浜ピジン日本語」に歴史的な背景がある。

　その実際の例が、ホフマン・アトキンソン（Hoffman Atkinson）の*Exercises in the Yokohama Dialect*という当時の外国人向けの日本語の入門書に載っている。この入門書は、できるだけ英語話者にとって馴染み深い英単語を組み合わせてそれらしく発音できるようにした、日本語教科書のようなものである。以下に示したように、それぞれの英語に対する横浜ピジン日本語の翻訳が併記されており、be動詞を「アリマス」で表記している箇所や、文末の「ヨロシイ」などの表記を見ることができる。

・What time is it?（何時ですか）
　→ Nanny tokey <u>arimas</u>?（何時　<u>アリマス</u>）
・It is nine.（九時です）
　→ Cocoanuts <u>arimas</u>（ココノツ　<u>アリマス</u>）
・No, you had better send it up to the Grand Hotel.
　（いいえ、グランドホテルに送った方がいいですよ）
　→ Knee jew ban Hotel maro maro <u>your-a-shee</u>
　　（二十番ホテル　マロマロ　<u>ヨロシイ</u>）

出所：金水（2014: 50）より抜粋。

　その昔、日本の一地域で実際に用いられていた話し方が、その後、さまざまな変質を経て、ある種の歪んだかたちのステレオタイプをつくり出し、時間とともに日本に暮らす日本人の脳裏に、中国人の言葉づかいとして刷り込まれたアルヨことばこそ、役割語の発生と継承のプロセスを証明する最も典型的な例だと言える。

1–4. コミュニケーションスタイルの多様性

　ここでは、聞き手や場面によるバリエーションの例として「コミュニケーションスタイル」を取り上げる。さらに、ここまで主に論じてきた言語内バリエーションだけでなく、日本語と他言語の比較を加えた言語間バリエーションにも注目する。冒頭で述べたように、言語は社会と切り離して考えることはできない。言語行動の目的を達成するために用いられるコミュニケーションスタイルも、それぞれの言語社会によってさまざまな様相を呈する。コミュニケーションスタイルの観点から私たちの言語行動を観察すると、実際に発せられた言語表現そのままの意味より、そこに表れていない裏の意味がもっと重要な場面が少なくない。たとえば、「ペン、持ってる？」は「ペン、貸して」、「お腹空いた」は「ご飯食べよう」、「もうこんな時間か」は「もう帰ろう」といった別の意味で理解することができる。このような裏の意味を、「言外の意味」あるいは「会話の含意」と呼び、こういった遠回しな話し方を「間接発話行為」と言う。

　間接発話行為は、話し手が自ら意図して行うもので、あえて遠回しに言って相手に自分の真の意図を察してもらおうとする言語行動である。このようなわかりにくくて回りくどい話し方は、発話の意図が競合する場面で用いられることが多い。たとえば、相手の意見には反対だが喧嘩したくない、頼みを断りたいが相手を失望させたくない、叱るべきだが怒りたくないというふうに、その発話が二つの相反する意図をもっている場合である。私たちは日常の言語生活の中で、幾度もこのような場面に遭遇し、そのたびに互いの関係や社会的かつ物理的な状況を考慮したうえで、いくつものコミュニケーションスタイルのバリエーションの中から最も適切だと思われる程度の言い回しを選んで、自分の発話を構成していく。

　このような間接発話行為の間接性は、単純な場合もあれば非常に複雑な場合もある。また、この間接性に対する感覚は、送り手と受け手の間でいつも一致するとは限らない。たとえば、日本人と外国人といった異文化間コミュニケーションの場合、発話意図に対する推論はいっそう難しくなる。コミュニケーションスタイルの違いは、それぞれの言語文化と密接にかかわっているから

である。こういった言語文化の多様性を象徴する概念に「高コンテクスト文化
（High Context Culture）」「低コンテクスト文化（Low Context Culture）」という用
語がある。コンテクストとは、日本語では「文脈」と訳され、社会言語学で
は「会話を取り巻くさまざまな状況」という意味で使われる。こういった状況
がどの程度私たちの会話に影響を与えるかという、コンテクストへの依存度に
よって、高コンテクストと低コンテクストに分けることができる。

　たとえば、同じ会社のふだん仲良くしている同僚の間での、「今晩、どう？」
「いいですね」といったやりとりでは、「何を」という具体的な指示を省略して
もコミュニケーションとして成立することがある。省略された目的語は食事や
お酒かもしれないし、もしかするとテニスや囲碁といった趣味活動かもしれな
い。このように、言語化されなくても当事者間ですでに共有されている情報に
よって成立する会話パターンが「高コンテクスト・コミュニケーション」であ
る。それに対して、初対面の人同士の会話だったり、都心部の近所付き合いで
の会話だったりすると、上記のようなやりとりは不可能で、会話のトピックを
いちいち言語化して明確に示さなければならない。このような、コンテクスト
に頼れない会話パターンを「低コンテクスト・コミュニケーション」と言う。

　アメリカの文化人類学者のエドワード・ホール（Edward Hall）は、高コンテ
クストな会話パターンを好む言語文化を「高コンテクスト文化」、反対に低コ
ンテクストな会話パターンを好む言語文化を「低コンテクスト文化」と呼んで
区別した（Hall, 1976, 1983）。例として「空気を読む」「以心伝心」「あうんの呼
吸」といった日本語表現は、「言わなくてもわかるはず」「沈黙が美徳」という
日本人の高コンテクストな思考を反映した象徴的な言語表現だと言われること
がある。また、前述した日本語における敬語の発達と細分化も、「日本は高コ
ンテクスト文化だ」という主張への裏づけとして引用されることが多い。もち
ろん、このような断片的な言語現象だけで「日本は高コンテクスト社会で、日
本語は高コンテクストなコミュニケーションスタイルを好む」と断言すること
は望ましくない。しかしながら、コミュニケーションスタイルによる高コンテ
クスト文化・低コンテクスト文化という考え方に、ことばの多様性の一面が映
し出されていることは間違いないであろう。

　ここまで、第1節では、社会言語学という学問分野の重要な概念である「言

語バリエーション」という用語を手がかりに、とりわけ日本語の中でのことばの多様性に焦点を当てて考察を行った。第2節では、考察の焦点を言語外へと広げ、グローバル化が進む現代社会の中で、ことばの多様性が社会の多様化とどう有機的に結びついているかに注目したい。「複言語主義」という現代社会の潮流と関連づけながら、世界と日本というそれぞれの言語社会において、私たちの言語生活がどのような新たな様相を見せているか、その現状について述べる。

2．社会の多様化を支える「ことばの多様性」

2-1．多言語主義から複言語主義へ

　日本においては、国際語としての英語の重要性から、英語をバイリンガルの対象とし、アメリカをバイカルチャーの対象とする、日本語と英語の二元論が主流となっている。しかし、日本社会のみならず実際の世界はもっと多様な言語と文化に囲まれており、このような多言語多文化社会を支えてきたのが「多言語主義」という考え方である。多言語主義は、一つの地理的な領域に一つ以上の言語変種が存在するという、社会における言語の多様性に注目した概念である。一方で、近年よく耳にする概念が「複言語主義」で、これは個人レベルでの複言語の併存状態、つまり個人の言語の多様性を尊重・促進しようとする考え方からきている。そして、現代のグローバル社会における「ことばの多様性」を、バイリンガルな環境に置かれた一部の人のみにかかわる事柄ではなく、現代を生きる私たち一人ひとりが自分のこととして受け止め、取り組んでいくべき課題として自覚することが重要とされる。

　複言語主義が目指す「複言語複文化能力」は、「程度に関わらず複数言語を知り、程度に関わらず複数文化の経験を持ち、その言語文化資本の全体を運用する行為者が、言葉でコミュニケーションし文化的に対応する能力」である（コストほか, 2011: 252）。ただし、これは決して全社会構成員のバイリンガル化を指しているわけではない。ここで重要なのは「程度に関わらず」という文言で、とりあえず知ること、接すること、そしてそれらの経験をもとに、どうにか対応できれば十分なのである。つまり、誰もが話す・聞く・書く・読むの4技能に優れている必要はなく、それぞれのニーズに合わせた偏った会話能力、

偏った文章能力で問題ないという考え方である。必要なのは、その人が属するグループの構成員として、コミュニケーションおよび相互文化的なインターアクションに参加することができることなのである。

　ここで忘れてはいけないことは、一構成員として自分が属する社会の活動に参加するために必要十分なコミュニケーション力は、必ずしもその社会のマイノリティ集団のみに課せられるものではないという点である。人の移動の形態が複雑化する現代社会の中で、社会構成員同士の円滑なインターアクションのためには、自分がその社会のマジョリティであれマイノリティであれ、誰もが前述した「複言語複文化能力」を養っていくことが求められる。次項では、多様な言語的背景をもつ社会構成員間で円滑なインターアクションを行う手段となる「リンガフランカ」として、世界における「World Englishes」と日本社会における「やさしい日本語」について考える。

2-2. リンガフランカとしての「World Englishes」

　「リンガフランカ」とは、「母語が異なる人同士が、コミュニケーションのために使用する共通の言語」と定義され、本来、通商・外交・科学などの交流場面におけるコンタクトランゲージ、いわゆる通用語を指すことばである。グローバル時代におけるコミュニケーションツールとして、最も汎用的に用いられる言語は、周知のとおり英語である。したがって、英語が現代社会における世界のリンガフランカであることに異論を唱える人はいないであろう。

　しかし、実際に私たちが使う、または耳にする英語を、音声から、語彙、文法に至るまで細かく観察してみると、そこにはさまざまなバリエーションがある。イギリス英語もあればアメリカ英語もある。さらに、インド、シンガポールや東南アジアで使われる独自の英語もある。そう考えると、英語のネイティブスピーカーとは誰のことなのか、どの形式、発音が正しい英語なのかという問いに答えを出すことは容易ではない。そこで、「World Englishes」という概念を取り上げる。「イングリッシュを複数形にしたこの言葉は、世界各地で話される英語を『標準的なイギリス英語の方言』として扱うのではなく、イギリス英語と同じような機能をもち、多様な形態を内蔵する『自律した』英語として扱う」という考え方に基づいている（田中・田中, 2012: ii）。すなわち、この概念

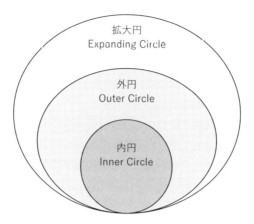

資料4　英語の三つの同心円モデル

出所：Kachru（1992: 356）より改変。

は、英語の多様性を認め、「正しい英語」への幻想を捨てるところから出発する。

　アメリカの言語学者のブラジ・カチュル（Braj Kachru）は、世界各地で話される英語を三つのタイプに大別し、資料4のような同心円で示した。まず、最も小さい内円は、英語を第一言語とするイギリス、アメリカ、カナダ、オーストラリアなどが属する、いわゆる「英語学習」の規範となっている社会である。次の外円は、英語を第二言語とするインド、ナイジェリア、パキスタン、シンガポール、マレーシアなどが属する、教育や公的手続きなどで公用語や準公用語として英語が使われている社会である。これらの国々では、シンガポール英語、インド英語など、地域化・土着化された独自の英語が発達していて、英語の多様性を象徴しているグループである。最後の拡大円は、英語を外国語として学習する日本、中国、韓国、ヨーロッパ、インドネシアなどで、これらの国々では、英語の変種として認められるような独自の規範はない。

　田中・田中（2012）では、世界中でそれぞれのグループに属する人数が、内円（L1話者）3.75億人、外円（L2話者）3.75億人、拡大円（EFL話者）7.5〜10億人と示されている。そうすると、いわゆる英語母語話者と言うべきL1話者は、世界中の英語話者の約5分の1しかいないことになる。否が応でもリンガフランカとして英語を使わざるを得ない21世紀を生きる私たちにとっては、標準

的な英語だけでなく、L2話者が使う特色のある英語の変種はもちろん、中間言語と呼ばれる習得途上の英語にも慣れていくことが求められる。これは、前述した、「程度にかかわらず、ニーズに合わせた会話、文章能力」としての「複言語複文化能力」が必要とされる理由にも相通じる。

　ただし、このような簡略化した分類自体が、そもそも言語の多様性を考慮していないという批判を受けているのも事実である。ここで言う多様性とは、バイリンガルや言語的マイノリティなどの複数の言語背景をもった個人、そして多言語多文化社会においてそれぞれの言語がもつ社会的・政治的な位置づけなどである。このように、英語という一つの言語を探るだけでも、現に世界のことばがどれだけ複雑かつ多層化しているかを実感することができる。次項では、日本国内に目を向けて、日本社会におけることばの多様化の実態と、その現状を打破する手段として期待される「やさしい日本語」について述べる。

2-3. 地域社会の共通言語としての「やさしい日本語」

　日本には、歴史的にアイヌ民族、琉球民族といった文化的異質性をもつ集団や、在日朝鮮人といったオールドカマーと言われる異集団が存在してきたが、それらを区別して日本を古くからの多言語多文化国家だと考える人はいないであろう。しかし、近年、新たに日本に移住するニューカマーが増えたことで、日本社会も徐々に社会構成員の多様化が進んでいる。ここ数年はコロナ禍の影響で国家間の移動が制限される異常な状況ではあるが、それ以前に法務省が公表した「令和元年末現在における在留外国人数について」によると、2019年末の在留外国人数は約300万人で、日本国内の全人口の約2.3％を占める。とりわけ、労働力不足という日本国内の事情から、技能実習の資格で在留する外国人労働者が急増しており、今後、日本の少子化が加速していくことを考えると、この傾向は続くと予測される。こういった「生活者としての外国人」の増加とともに、日本社会は否応なしに多言語多文化社会へと向かいつつある。このような現状の中で、日本で暮らす外国人のための言語サポートはますます重要な課題になってきており、現在、そこで活躍すると言われているのが「やさしい日本語」である。

　「やさしい日本語」とは、普通の日本語よりも簡単で、外国人にわかりやす

く工夫された日本語のことで、将来的にリンガフランカの役割を果たしていくことも十分に期待できる。やさしい日本語は開発当初、災害などの緊急時にまだ日本語が流暢でない外国人との意思疎通をスムーズに行うためのコミュニケーションスキルとして提案・普及された。そのため、やさしい日本語は、外国人への日本語教育の観点に限定される概念ではなく、地域社会における共通言語として、外国人と日本人の両方に向けての言語サポートツールだと考えるべきである。

　やさしい日本語の具体例に、公的文書の書き換え案がある。地方公共団体が発行する公的文書は、いわゆる「お役所ことば」で書かれることが多く、外国人にはわかりにくい。公的文書の書き換え案は、このような文書をやさしい日本語に書き換えることで、日本で生活する外国人にも官公庁からの重要な情報が明確に伝えられるように考案された。庵（2013: 10-11）では、書き換えの基準として、①できるだけ、短い文に区切って表現する、②意味的に重要な部分だけを訳す、③文全体の意味を取って必要な部分のみを訳す、④漢語は必要最小限のみ残し、残りは和語に書き換える、の四つが提案されている。たとえば、「至急」を「急いで」、「避難する」を「逃げる」、「署名する」を「名前を書く」へと書き換えるなどである。資料5は、山形県から発行された広報誌の一部抜

（　　）内に「やさしい日本語」で"逃げるところ"と記載してある
（写真提供：青森県弘前市）

資料5　「やさしい日本語」の実践例

出所：山形県作成「みんなで使おう‼外国人に伝わりやすい『やさしい日本語』」より抜粋。

粋である。このように、実際の避難場所案内にも「避難所」の代わりに「逃げるところ」と記載されるなど、やさしい日本語は、すでに多くの地方自治体で活用されている。

やさしい日本語の活用を先導する取り組みの一つに、NHKが運営するニュースサイト「NEWS WEB EASY」がある。「外国人だけでなく、小学生・中学生にもわかりやすいことばでニュースを伝える」ことを目的とした本ウェブサイトでは、最新のニュースが、漢字にふりがながついたやさしい日本語で書かれており、ほかにも音声を聞くことができたり、語彙の意味説明が読めたりする。

前述したとおり、やさしい日本語は、当初、災害時に日本で生活する外国人に必要な情報へのアクセシビリティを高めるための手段として考案された。しかし、今では、このような「言語のバリアフリー化」が日本語母語話者のコミュニケーション能力を鍛え、日本社会を寛容にするうえで有効であるという汎用的な価値の方に注目が集まり、徐々に支持が広がってきている（義永，2015）。今後、さまざまな国からのさまざまな母語をもつ外国人が増えていくにつれて、日本社会がさらに多様な言語、文化を有する社会に変化していくことは否定できない。そんな中で、言語バリエーションの一つとしてのやさしい日本語の普及は、より成熟した「共生」社会の日本を構築するうえで大いに貢献できるであろう。

3. 教室活動を通して考える「ことばの多様性」

3-1. 授業の概要

ここからは、多文化交流科目として開講した「日本語のバリエーション」という授業の中で、前述した「ことばの多様性」をどのように扱い、学生に何を考えさせ、その結果、どういった気づきが得られたかについて、具体的な教室活動の流れと内容を示しつつ、述べていく。

本授業では、「社会に直結する身近な言語現象をトピックに取り上げて、相互学習を通して日本語をはじめとする世界の諸言語をより客観的かつ有機的に捉える能力を身につける」ことを目的としている。授業で取り上げる言語現象は第1節で述べた方言やレジスターなどの言語バリエーションであり、具体

的には、属性によるバリエーションの「男女差」「地域差」「世代差」「役割語」と、場面によるバリエーションの「コミュニケーションスタイル」の5つのトピックである。授業では、これらのバリエーション要素が日常的に私たちが接する言語場面とどうかかわっていて、その結果どんな言語行動につながるかについて一緒に考えて話し合う。さらに、日本人学生と外国人留学生が、互いの母語を比較しながら、それぞれの言語のバリエーションや言語間の共通点や相違点に気づき理解を深めていく。

　日本語を考察対象とするが、日本語力向上を目指すスキル重視科目ではない。日本語をはじめとすることばに対する学問的な興味をもとに、学生が調べ学習、グループワーク、発表という一連の活動に積極的に取り組むことで、言語への深い理解とともに、多文化交流科目の科目群が目指す「汎用的能力」の養成にも努める。そこで、初回の授業では、本授業に取り組む際の心構えとして、①言葉に敏感になり自らの気づきを促すこと、②クラスメイトをリソースとして積極的に活用すること、③協働活動による権利と義務を常に意識すること、の三つを強調している。本授業を通して体験する「多様性」には、取り上げるコンテンツの言語バリエーションのみならず、参加する学生の母語の多様性も重要な要素の一つになっている。学生は、協働活動の中で、これらの要素をうまく活用して複合的な観点からことばの多様性について議論を重ねていく。

　ここで、教室活動全体の流れについて簡略に紹介する。授業では、上記の5つのトピックをそれぞれ3週間にわたって取り扱う。まず、予習として、各トピックにかかわるキーワードについて各自で調べた内容をオンライン上で共有する授業前活動を行う。1週目の授業では、授業前活動で共有された内容をもとに各トピックに関するブレインストーミングと、学生が発表内容を考えるうえで役立てるように教員から簡単な講義を行う。その後、日本人学生と外国人留学生が混在する4、5名のグループに分かれ、発表準備に向けて翌週の授業までに個別に調べてくる「リサーチクエスチョン」を決める。2週目の授業では、各自が調べてきた内容を共有しつつ発表準備をする。3週目の授業では、パワーポイントを使ってグループ別に発表と質疑応答を行う。さらに、3週目の授業終了後は、各トピックの総まとめとして、質疑応答の内容や相互評価の中のコメントに応えるかたちで事後調べを行い、その結果を報告書にまとめて

提出する。ここまでが一つのトピックに対する活動の一連の流れである。

　これらの活動のねらいは、まず、さまざまな言語的かつ文化的な背景をもつ学生同士の協働的な作業を通して言語の多様性に気づき、異文化コミュニケーション力を育てることである。また、授業参加だけでなく教室外でも継続的に意見交換し、学生間の相互評価と事後報告書の提出を義務づけ、討論と発表の質の向上に役立てることである。最後に、本授業が目指すゴールを明確に示したうえで、十分なふりかえりと内省の場を与え、学生が自身の現在地を常に見直し内省できるようにすることである。次項から、それぞれのねらいが「ことばの多様性」とどういったかたちで融合し実現できたか、具体的な例をあげて述べていく。

3-2. 言語対照の視点を取り入れる

　発表題目となるリサーチクエスチョンは、各トピックで提示されたキーワードと教員の講義内容を手がかりにして、グループ内での学生同士の話し合いの中で主体的かつ自主的に決められる。前述したとおり、本授業では「学生のさ

表1　学生による発表題目の例

トピック	リサーチクエスチョン
男女差	・各国の男女差の捉え方に違いはあるか ・日本語と英語で女ことばはどう違うか。その原因は何か ・なぜ男女間で会話スタイルが違うのか ・女性はどのようなときに男ことばを使うか
地域差	・標準語の由来はなぜ東京弁か ・通じにくい方言の特徴と要因は何か ・方言イメージは地域とどうかかわっているか ・どうして自方言への愛着度は地域によって変わるか
世代差	・日中間で流行語の生まれ方に違いはあるか ・各国の略語形式の若者ことばに規則性や傾向は見出せるか ・外国語を使用した若者ことばにはどんなものがあるか ・若者ことばはどこまで意味が通じるか
役割語	・日本語作品の「老人語」は英語でどう訳されるか ・各言語版ポケモンでは、どのようにキャラづけをしているか ・映画の英語原題はどうして直訳されないのか ・日本のアニメに出てくる中国人キャラにはどんな役割語が使われるか
コミュニケーションスタイル	・告白の断り方における婉曲表現に男女別・国別の違いはあるか ・非言語コミュニケーションの日中比較 ・日本語がネガティブ・ポライトネスの言語というのは本当か ・マニュアル敬語の種類とそれに影響する心理的な要因は何か

まざまな言語的・文化的背景を活動内容のリソースとして積極的に活用する」
ことを常に心がけている。表1に、これまで学生が発表した発表題目（リサー
チクエスチョン）のいくつかの例を示す。

　表1の例から、学生が互いの多様な母語環境を重要な拠り所として、各ト
ピックへの議論に取り組んでいる様子がうかがえる。日本語の中で性別、地
域、世代といったさまざまな属性がどのようなかたちで表面化するのかだけで
なく、日本語に見られる言語バリエーションが他言語ではどういったかたちで
表れるのかを、互いの母語知識を共有しながら確かめ合い、そこから言語間の
共通点と相違点に関する新たな気づきを得ているのである。

3-3. 事前・事後調査を通して学びを深める

　協働学習を軸とするいわゆるアクティブラーニング型授業においてよく指摘
される問題点に、学習成果の可視化が難しいことと、浅い学習にとどまりやす
いことがある。そのため、本授業では、教室内活動の前と後に、個別またはグ
ループでの調べ学習を取り入れることで、各トピックに対する学生の理解や認
知プロセスの顕在化に努めている。

　まず、授業前活動では、表2に示すように、教員が事前に提示する各トピッ
クにかかわるキーワードについて、学生が各自で事前学習を行い、わかった内
容に対する自分の考えや気づき、関連するエピソードなどをオンライン上で共
有するようにしている。このように、教室内活動の前にトピックについて考え
る十分な時間を与え、授業でのブレインストーミング、講義、その後のグルー
プワークへと連続性をもたせることで、教室での議論と発表の質を高めること
ができる。

　また、3週目の発表が終わった後も、学生間の質疑応答や相互評価の中で寄
せられたコメントをもとに事後調査を行って報告書を提出するようにしてい
る。従来のアクティブラーニング型授業では、発表を最終ゴールとして設定す
ることが多いが、クラスメイトや教員からのフィードバックをもとにもう一度
自分たちの発表内容を吟味することで、より深い学びにつなげることができる。

　それでは、このような事前・事後の調べ学習の中で、「ことばの多様性」に
関連して、学生は具体的に何を考えて、どのような意見が交わされているのだ

131

表2　授業前活動で提示したキーワードの例

トピック	キーワード
男女差	・女ことばと男ことば ・リポートトークとラポートトーク ・ポリティカリーコレクト ・無標と有標
地域差	・標準語／共通語／東京弁 ・方言イメージ ・気づかない方言 ・新方言／ネオ方言
世代差	・若者ことば ・集団語／キャンパス言葉 ・新造語／死語 ・老人語（博士語）
役割語	・役割語 ・キャラクター ・アルヨことば ・オネエ言葉
コミュニケーション スタイル	・言外の意味 ・高コンテキスト文化／低コンテキスト文化 ・ぼかし表現／言いさし ・非言語行動／ジェスチャー

ろうか。ここでは、実際に学生が書き込んだオンライン上のカキコミの中から
いくつかの例を取り上げて詳しく見てみたい。まず、以下のカキコミは、日本
語の中での言語バリエーションについて、学生自身のふだんの言語生活に基づ
いた気づきに関するものである。「〜である自分に気づいた」「僕自身〜と感じ
る」「〜のような意識が強かった」「〜を使っている」といった文言から、ふだ
んの自分の言語行動を振り返り、これまで深く考えたことのないことばの多様
な側面についてあらためて考えるようになった様子がうかがえる。

【女ことばと男ことば】話すときは両方を使うが、メールではもっぱら女
　ことばである自分に気がついた。
【方言イメージ】標準語とのイントネーション等のズレによるところも大
　きい。僕自身言葉のリズムが標準語と違っている女性と話していると魅
　力的だと感じる。
【気づかない方言】北海道に来る前に、北海道弁がないような意識が強
　かった。

> 【キャンパス言葉】（大学内で）「北食（ほくしょく）」「メンスト」「学館」「楽単」「ピ逃げ」などの略語を使っている。
>
> 【アルヨことば】アルヨことばを良くメディアの中では聞きますが、実際そのような中国語を話す人をみたことがないし、それっぽい訛り方をしてる人もみたことがないので、なぜこのようなイメージになったのか不思議でたまりません。

　また、次のカキコミは、外国人留学生の母語や学習言語などをリソースとした言語対照に関するものである。外国人留学生の個人的な意見ではあるが、自分の母語と日本語を比較してそれらの相違点を見つけ出して共有する中で、教員からの一方的な知識伝達にとどまらず、学生が自ら問題を発見し整理できていることがわかる。

> 【女ことばと男ことば】英語には日本語のようなジェンダーマーカーはそんなに多くない。そのかわりに男の人は汚い言葉やスラングを女の人よりもっと使う。
>
> 【共通語】ロシアは日本より45倍広いが、言葉は地域によって日本ほど異なりません。
>
> 【役割語】外国人の作家が日本の有名な作家に役割語のある日本語が羨ましいと言った。たとえば英語では「○○, he said.」と書かなければ誰が言ったか示せないのに、日本語だと役割語によってだいたい登場人物の中の誰が発言したのか分かるから。
>
> 【役割語】日本のアニメ・マンガに出てくるブラジル人キャラクターはいつもサンバ、サッカーやカーニバルなどに関連している。ほとんどの場合は黒人、または日焼けた肌なイメージがあって、出身地はもちろんリオデジャネイロ。
>
> 【非言語コミュニケーション】ラテン系の人（フランス系、スペイン系、イタリア系）は、感情的に・熱烈に話をするとき、よく手や腕を動かす。

　なかには、次のように、自らの学習経験や言語対照の視点を通して、自分の

主張を繰り広げたり議論のための話題を積極的に提供したりするカキコミも見られる。このように、学生は本授業の中で、互いの言語的かつ文化的な背景の違いをリソースとして活用し、話し合いの中で常にことばの多様性についての考察を行っている。

【若者ことば】若者言葉と一口に言っても、若者に共通に理解されているわけではない。

【言外の意味】言外の意味って日本人はすごい使いますけど、他言語でもあるのでしょうかね？

【ぼかし表現】日本語の学習が浅い人からすると「もらってあげてくれませんか？」ってとてもややこしくありませんか？

【ポリティカリーコレクト】差別的用語に過剰に反応しすぎていて揚げ足取りのようになっている、という声もあるようです。日本でも、障害者ではなく障がい者と書こうという動きとかがこれに当てはまるのかなぁと思いました。

【非言語コミュニケーション】国際手話というものがありました。でも基本的には国ごとに、あるいは地域ごとに異なるそうです。そのちがいや国ごとの特徴など調べるのも面白そう。

3-4. ふりかえり活動から内省力を育む

アクティブラーニング型の授業において、学びを深めていくうえで重要なプロセスの一つが、内省力を高めるためのふりかえり活動である。「内省（リフレクション）」とは、活動の参加者自身が、自分の現在の状況やその中での言動を客観的に振り返ることである。本授業では、そのためのふりかえり活動として「協働活動に対する自己評価」と「ワールド・カフェ」という二つの過程を設けている。まず、「協働活動に対する自己評価」は、それぞれの発表の終了後に個別のふりかえり活動として行われ、学生はルーブリックリストをもとに自己評価を行い提出する。具体的な評価項目は、表3のとおりである。

この活動において重要なポイントは、5回にわたって行われる自己評価の内

表3　協働活動に対する自己評価の項目

区分	項目	内容
参加態度	情報の収集	テーマに関連して、文献・検索・聴き取り調査など、さまざまな方法を使って、十分な量の情報収集を行うことができた
	情報の共有	自分が収集した情報を他メンバーに多く提供し、他メンバーが共有した情報にも積極的に反応することができた
	グループワークへの貢献	グループワークでは積極的に行動し、問題解決に役立つ有効な提案を行うことができた
	時間の管理	教室内でのグループワークの時間を節約するために、事前準備を徹底するなどして、時間を有効に使うことができた
他者との協調	平等な参加	互いの作業量や活動内容にバラツキが出ないように、上手に役割分担することができた
	協力的な関係	他メンバーの発言を促したり、異なる意見を調整したりしながら、話しやすい環境を築くことができた
	人的資源の活用	相手や自分の知識を積極的に取り入れ、発表にうまく活用することができた

容を一枚の紙にカルテ形式でまとめることである。そうすることで、学生が自分で記入した自己評価の結果を毎回見返すことができ、全教室活動を通して、自分の意識や言動がどう変化してきたかを常に確認することができる。学生にとって、グループの構成員として自分がどんな役割を果たせるか、多様な他者との協働活動の中で互いの違いをどのように補いつつゴールにたどり着けるかを意識することは重要である。常に自分を省察的に観察する自己評価という過程を通して、互いの言語的かつ文化的な多様性からくるコミュニケーションの難しさに悩み、そこで生じる問題を解決するスキルを身につけていく中で、学生自身の内省力を高めることができる。

　次に、もう一つのふりかえり活動である「ワールド・カフェ」について紹介する。SPODフォーラム2012にて公開された「ワールド・カフェの手引き」には、「ワールド・カフェ」について次のように記述されている。

　ワールド・カフェとは、その名のとおり『カフェ』のようなリラックスした雰囲気の中で、少人数に分かれたテーブルで自由な対話を行い、他のテーブルとメンバーをシャッフルして対話を続けることにより、参加した全員の意見や知識を集めることができる対話手法の一つです。(SPODフォーラム2012 HP)

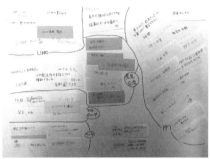

資料6　ワールド・カフェの様子（左）と学生がまとめた成果物（右）

　本授業では、授業最終日を「ワールド・カフェ」形式のふりかえり活動に割り当てている。資料6の写真（左）がその様子である。活動を始める前に教員から学生に提示した課題は、「本授業を通して感じたこと、気づいたこと、善し悪しなどを自由に話し合うこと」のみである。ここでワールド・カフェの手法についての詳しい説明は省略するが、テーブルをシャッフルしながらクラスメイト全員と意見交換を行うことによって、「多文化交流」「協働学習」に対する自分の考えをあらためて整理し、他者の意見から新たな発見を得ることがこのふりかえり活動の目的である。学生の話し合いの過程は、資料6の写真（右）に見られるように、それぞれの学生が書いたコメント入りの付箋を大きな模造紙に貼ってカテゴライズするかたちで視覚化される。グループごとにまとめられた成果物は、学生の内省を促す効果的な役割を果たしている。

　視覚化された成果物には、取り上げるトピック、授業のツール、評価、資料調査や発表準備の困難さ、コミュニケーションの難しさなど、さまざまな側面での感想やコメントが書かれている。とりわけ、「言語」「日本語」「言語意識」といったカテゴリー名でまとめられたコメントに注目すると、「日本語と他の言語の比較」「他言語について知れた」「日本語に対して新しい見方」「母語の客観化」「教科書と話し言葉のギャップが大きい」といった内容から、これまで意識してこなかったことばの多様性への理解が深まっていることがわかる。さらに、「国際交流」「グループワーク」「意見交換」といったカテゴリー名のもとには、「多言語、文化間のちがい」「認識の相違」といった言語・文化的な

相違に注目したコメントもあれば、「わりと日本人と留学生で共通点がある」「国は違っても、みんな同じ若者なんだと思った」「言葉の男女差はどの語にも存在する」など、両者の共通点に注目したコメントも少なくない。

　このように、ワールド・カフェ形式のふりかえり活動を通して、学生は異文化理解の重要性や母語の客観化の必要性を実感し、留学生と日本人学生が一緒に学ぶことへの意義をあらためて意識することができる。

おわりに

　本章では、「言語バリエーション」という社会言語学的な概念を入り口として「ことばの多様性」について考察し、多文化交流科目の「日本語のバリエーション」での取り組みについて紹介した。前半では、地域や性別といった属性と聞き手や発話意図などの場面が、私たちの言語行動やコミュニケーションスタイルにどのようなかたちで表面化しているかを見た。さらに、無意識のうちに刷り込まれて社会で共有されている「ステレオタイプ」が、「役割語」という概念を通してことばに反映される様子を歴史的な観点からまとめて示した。また、こういった言語内のバリエーションだけでなく、グローバル化する現代の社会的な変化が私たちの言語活動にどのような影響を与え、どう変えていくのかを、世界における「World Englishes」と日本社会における「やさしい日本語」の広がりを事例として考察した。

　後半では、上記の内容を学習項目としてどのように教室活動に取り組み、どうやって学生の深い学びと内省力の向上につなげていったかについて、実際の活動の様子がうかがえる文字情報やコメントなどを紹介しつつ詳述した。そこから、日本人学生と外国人留学生が自分の母語や自らの言語学習の経験などをリソースとして議論を交わし、「ことばの多様性」について学びを深めて新たな気づきを得ていく様子を垣間見ることができた。

　本章の内容が、社会を映す鏡としての言語の役割をより深く理解し、社会の変化とともにますます多様化していくことばの現在地を意識的に捉えていくうえで、少しでも役に立てることを願う。

🧠 考えてみよう

1. 私たちの言語活動には、方言とレジスターが多面的かつ立体的に交差しながら機能する。どんな状況でどの言語バリエーションが優先されるか、それにはどのような要素がかかわっているか実態を探ってみよう。
2. 身近なアニメやマンガの登場人物を思い出し、かれらの言葉づかいがキャラづくりにどう影響するか、実際の例を取り上げて分析してみよう。
3. 「多様な言語的背景をもつ社会構成員間での円滑なインターアクション」は複言語主義が目指す最も重要な価値と言える。未来志向の社会づくりに、ことばの多様性がどう貢献できるか予測してみよう。

📖 ブックリスト

1. ガイ・ドイッチャー（椋田直子 訳）(2022)『言語が違えば、世界も違って見えるわけ』早川書房
2. 金水敏 (2007)『役割語の地平』くろしお出版
3. 真田信治・庄司博史（編）(2005)『事典　日本の多言語社会』岩波書店
4. 日比谷潤子 (2012)『はじめて学ぶ社会言語学──ことばのバリエーションを考える14章』ミネルヴァ書房
5. 彭飛 (2006)『日本人と中国人とのコミュニケーション──「ちょっと」はちょっと…ポンフェイ博士の日本語の不思議』和泉書院

引用文献

・東照二 (2009)『社会言語学入門（改訂版）──生きた言葉のおもしろさに迫る』研究社
・庵功雄・イヨンスク・森篤嗣（編著）(2013)『「やさしい日本語」は何を目指すか──多文化共生社会を実現するために』ココ出版
・井上史雄 (2000)『日本語の値段』大修館書店
・金水敏 (2003)『ヴァーチャル日本語　役割語の謎』岩波書店

・金水敏（2014）『コレモ日本語アルカ？──異人のことばが生まれるとき』岩波書店
・ダニエル・コスト，ダニエル・ムーア，ジュヌヴィエーヴ・ザラト（姫田麻利子 訳）（2011）
　「複言語複文化能力とは何か」『大東文化大学紀要〈人文科学編〉』第49号，pp.249-268
・田中章夫（1999）『日本語の位相と位相差』明治書院
・田中春美・田中幸子（2012）『World Englishes──世界の英語への招待』昭和堂
・田中ゆかり（2011）『「方言コスプレ」の時代──ニセ関西弁から龍馬語まで』岩波書店
・日高水穂（2020）「ことばの位相差」庵功雄・日高水穂・前田直子・山田敏弘・大和シゲ
　ミ『やさしい日本語のしくみ──日本語学の基本 改訂版』くろしお出版
・義永美央子（2015）「日本語教育と『やさしさ』──日本人による日本語の学び直し」義
　永美央子・山下仁（編）『ことばの「やさしさ」とは何か──批判的社会言語学からのアプ
　ローチ』三元社，pp.19-43
・Hall, E. T. (1976) *Beyond Culture*. Doubleday Anchor Books
・Hall, E. T. (1983) *The Dance of Life: The Other Dimension of Time*. Anchor Press
・Kachru, B. B. (1992) *The Other Tongue: English Across Cultures* (2nd ed.). University of Illinois Press

インターネット資料

・研究社WEBマガジン *Lingua*「〈役割語〉トークライブ！」第1回　https://www.kenkyusha.co.jp/uploads/lingua/prt/18/yakuwari1805.html（2022.08.30アクセス確認）
・法務省「令和元年末現在における在留外国人数について」 https://www.moj.go.jp/isa/content/930005065.pdf（2022.08.30アクセス確認）
・「みんなで使おう‼外国人に伝わりやすい『やさしい日本語』」 山形県／公益財団法人山形県国際交流協会（AIRY）発行　https://app.box.com/s/t9azx2sfhk3fqudgomqprkm9pksspot4（2022.08.30アクセス確認）
・SPODフォーラム2012「ワールド・カフェの手引き」 https://www.spod.ehime-u.ac.jp/wp/wp-content/uploads/2012/11/資料2【PDF】.pdf（2022.08.30アクセス確認）

第6章 フィールドワークにおける多様性

青木麻衣子

ICT（情報通信技術）の急速な進展により、みなさんはこれまでとは比べものにならないぐらい容易にかつ瞬時にさまざまな情報を入手できる環境にあります。では、なぜわざわざ「現場・現地」に自ら赴く必要があるのでしょうか。「現場・現地」を重視するフィールドワークの意義はどこにあるのでしょうか。ここでは、現代社会におけるフィールドワークについて、みなさんと一緒に考えます。

キーワード

フィールドワーク　他者　文化　現場・現地　研究倫理

はじめに

「フィールドワーク」と聞いて、みなさんはどのようなイメージを思い浮かべるだろうか。ある人は、これまで人類学で行われてきたような、比較的長期にわたり「現地」に滞在し、そこに住む人々の生活に自らもどっぷりと入り込んで行うような調査のことを考えるかもしれない。またある人は、小学校や中学校で行った「街歩き」のような、自分の足で歩き、聞き取り、まとめるといった調査手法をあげるかもしれない。いずれにせよ「百聞は一見に如かず」ということわざにあるように、一般的に知られるフィールドワークとは、調査者自身の足による現地調査と整理できるだろう。

しかし、グローバル化が急速に進む現代社会において、フィールドワークの特質とも言える、実際に「生の」情報を得るために「現地」に赴く必要性・意義はどれだけあるのだろうか。特にここ数年のコロナ禍では、それまで容易だった移動が大幅に制限され、その一方で、ICTやインターネットの発達により、私たちは自分たちが位置する「場所」にかかわらず、さまざまな情報を瞬時に手に入れられるようになった。もちろん、ネット上にあげられる情報は玉石混淆であり、取捨選択が必要である。しかし、ひとたびコンピューターやスマホを使えばさまざまな情報にアクセスでき、かつ世界中の人々と交流できる状況は、まさに私たちに、現場を重視するフィールドワーク自体の必要性や意義の問い直しを迫っていると言えるだろう。

文化人類学者の佐藤知久は、近年私たちを取り囲むこのような時代の変化が、これまで主として文化人類学者が行ってきたフィールドワークに対し、その本質にかかわるような課題を突きつけていると指摘する（佐藤, 2013）。本章で紹介する授業実践「札幌をフィールドワークする」も、まさに「現代社会」における「フィールドワーク」を通して、そのあり方や調査者自身の立ち位置を、受講者とともに検討することを目的としている。

本章ではまず、「フィールドワーク」とはそもそも、どのような調査・研究手法なのか、現代社会における「フィールドワーク」とはどのような特徴をもったものなのかを考えてみたい。そしてそのうえで、筆者が多文化交流科

142

目として提供する「札幌をフィールドワークする」という授業実践の目的や内容、教員による工夫等を紹介する。現代社会におけるフィールドワークにおいて、私たちは、これまで調査者が対峙してきた「他者」や「文化」をどのように捉えることができるのか。またそれらを理解する一助を得るために、多文化交流科目が意図的に創出している、現代社会の特徴とも言える、多様な背景をもった他者との協働は、フィールドワークを進めるにあたり、どのような貢献をなし得るのか。本章では、それらに対し、暫定的ではあるだろうが、一定の答えが提示できればと考える。

1. フィールドワークと多様性

1-1. 「フィールドワーク」という技法

　筆者は大学で教えるようになって10年ほど、1・2年生を対象に「フィールドワーク」に関する授業を提供している。学生には、毎年授業の初回で、自分がこれまでに経験した「フィールドワーク」について振り返り、その内容を共有してもらうのだが、かれらの多くは、小学校の生活科や総合的な学習の時間において、調べ学習の一環として地図づくりに代表される街歩きのような体験をしており、「フィールドワーク」という手法が、学校教育においてもすでに身近なものであることがうかがえる。

　だが実際に、かれらが体験しイメージする「フィールドワーク」と、いわゆる学問的な「フィールドワーク」には、若干違いがあるのも事実であろう。フィールドワークの教科書にあたるような書物で必ずと言っていいほど参照されるのが、ポーランド生まれの人類学者ブラニスラフ・マリノフスキー（1884-1942）の仕事である。彼の名を一躍有名にしたのは、1922年に出版された『西太平洋の遠洋航海者』であるが、この書物は、彼が1914〜18年にかけて、延べ2年以上の歳月をかけて行った、パプア・ニューギニア東部のトロブリアント諸島でのフィールドワークの成果をまとめたものである。

　ではなぜ、この調査研究が「フィールドワーク」の原型と言われるのだろうか。それまでの「フィールドワーク」と何が違うのだろうか。それは端的に、調査対象に対する彼自身の立ち位置と彼が採用した技法にあると指摘できる。

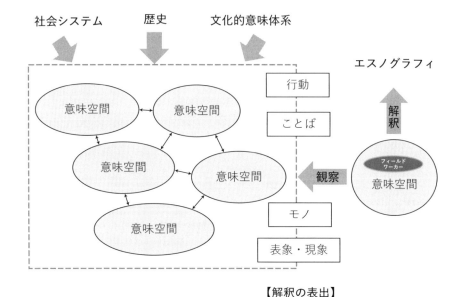

社会システム　　歴史　　文化的意味体系

エスノグラフィ

行動

ことば

解釈

観察

モノ

表象・現象

意味空間

フィールドワーカー
意味空間

【解釈の表出】

図1　フィールドワークにおけるフィールドワーカーの解釈過程
出所：箕浦（1999: 4）より一部加筆・改変のうえ筆者作成。

マリノフスキーは、彼以前の社会で、いわゆる「未開社会」とみなされてきた非西洋社会を、西洋という視点・基準に照らして「劣った」ものと位置づけるのではなく、自分たちとは「異なる」秩序に支配された社会だと考えた。そしてそのために、そこに住む人々とともに時間を過ごし、かれらのことばを学び、かれらの生活全体をつぶさに観察することを心がけた。

　図1は、フィールドワークにおけるフィールドワーカーの解釈過程を、箕浦（1999）をもとに、筆者が新たに作成したものである。箕浦（1999）が整理するように、フィールドワーカーが観察できるのは、そこに表出された人々の行動やことば、モノである。それらの行動・ことば・モノは、当然のことながらその社会の制度や歴史、文化等の影響を受け創出された「意味空間」を背後にもつ。そして、フィールドワーカー自身も当然、自身が育ってきた別の意味空間に足場を置きつつ、調査対象とするフィールドを眺めることになる。そのため、フィールドワーカーが描く「解釈」は、かれらのレンズを通したフィール

ドの把握・理解を反映したものでしかない。そしてだからこそ、その「解釈」に説得力をもたせるためにも、それまでの先行研究の検討はもちろん、フィールドの総合的な把握・理解が必要とされるのである。

　マリノフスキーも、そしてまた同じく著名な人類学者であるレヴィ＝ストロースも、繰り返し言及しているように、このようなフィールドワークという作業には膨大な時間と労力が必要とされる。また、それを行ったところで、一定の成果が約束されているものでもない。現地の人々にとって調査者はまさに「よそ者」であるうえ、調査者が知りたい事柄は、そこに住むかれらにとっては「日常」の「ありきたり」な風景にすぎない。そのため調査者には、かれらとの信頼関係の構築はもちろんのこと、幅広い情報収集が求められる。

　ではなぜ、一見非効率とも思える「フィールドワーク」という技法が、数ある調査手法の中から選ばれるのか、その目的・意義は何か。それは、図1からもうかがえるように、調査者自身の、自分たちとは違う「他者」が住む世界について知りたい、かれらの行動の背後に働く原理は何かを突き止めたいとの衝動や思いによるものだろう。人類学のみならず社会学や教育学の分野でも、自ら現地に赴き異なる社会や他者の行動を観察するフィールドワークの手法が一般化して久しいが、そこには共通にこの「他者理解」という目的が存在する。そして、その「他者理解」を通して、人間や社会に通底する、それを動かす原理の解明という、最終目的への接近が可能になると考えられる。

　しかし近年では、グローバル化の進展に伴い、この自分とは「違う」「他者」という感覚・捉え方自体に変更がもたらされている。筆者も自身の経験として感じていることだが、たとえば女子学生であれば、ひと昔前までは、身につけているものの色づかいや化粧の仕方で、同じ肌や目の色をした学生であっても、出身国・地域が比較的容易に判別できた。しかし現在では、それが格段に難しい。具体的に言うと、日本人・中国人・韓国人の区別が、外見ではつきづらくなっているのである。

　これはひとえに、インターネット等情報技術の発達による情報やモノの世界的流通と、その結果としての世界の「同質化」に起因するものと言えるのかもしれない。もちろん、その情報や「文化」の受容の仕方によっては、「同質化」の程度は往々にして異なるだろう。だが、物理的距離という制約により個々の

情報や「文化」に一定の壁が存在した時代に比べ、その混じり合いは、いまや「他者」や「文化」といった概念自体に捉え直しを迫っていると考えられる。

　世界の「同質化」が進む現代社会において「フィールドワーク」は、どのような意義をもち、何を対象とし得るのか。次項では、フィールドワークの主たる構成要素である「他者」と「文化」について考えてみたい。

1-2. 現代社会における「フィールドワーク」

(1)「他者」を理解するとは

　筆者は近年、オーストラリア遠隔地の先住民コミュニティを、自身の調査研究上のフィールドとしている。オーストラリア本土とパプア・ニューギニアの間にある島嶼地域に位置する同コミュニティは、古くからさまざまな人々の往来はあるものの、その地理的特性ゆえ、長い間、独自の文化を維持・涵養してきた。オーストラリア本土から同地へ赴くには、東海岸北部にある地方都市から2時間半飛行機に揺られ、島嶼地域の入り口にあたる島に到着後、30分ほどのフェリーの旅を経なければならない。行政の中心地にあたるこの島は、現地語で「水がない」という名のとおり、飲用水さえ雨水や近隣の島からの輸送に頼らざるを得ず、野菜や肉などの生鮮食品をはじめ生活物資の入手が全般的に困難である。また、近年ではインターネットの発達により、さまざまな情報へのアクセスが可能になったとはいえ、いまだその環境整備は不十分であり、その利用には制約があるのが実情である。

　「遠隔地先住民コミュニティである」ためか、多文化国家オーストラリアとはいえ、筆者のように外見で「アジア人」とわかる者は、かれらにとって容易に「よそ者」や「他者」になり得る。また、人の往来が少なくないとはいえ、周りを海で囲まれた「島」であるため、そもそも身内意識が強い。そのため、多様な背景をもった人たちが住むオーストラリア本土都市部ではあまり感じられなくなりつつある「よそ者」や「他者」への視線を、この島にいる際にはひしひしと感じることになるし、筆者がかれらを見る目もまた同様に、「よそ者」や「他者」を見る視線・視点になっているのかもしれない。

　実際、現地で生活してみると、筆者がふだん生活している札幌はもちろん、オーストラリア本土の都市部とは、表面的なものだけでも、さまざまな違いが

存在することに気づく。たとえば、ものの値段ひとつとっても、北海道で夏には1本150円程度で購入できるとうもろこしが、現地のスーパーでは1000円近くするし、生鮮食品だけではなく、チョコレートやポテトチップスなど、本土の大型スーパー等でだいたいの値段がわかる品物も、本土の3～4倍ほどの値段で売られている。また、スーパーは比較的大きな店舗が1店あるものの、衣料品を扱う店は少なく、種類やサイズも限られている。最近では、本土のネットスーパー等を利用する島民も少なくないため、現地に住んでいれば実際にはそれほど困らないのかもしれないが、学校の長期休暇期間に本土へ行く島民は、いまでもたくさんの荷物を抱えて帰ってくる。島を歩いていると、子どもたちが、島では売っていないさまざまな子ども向けキャラクターをあしらったTシャツやズボンを履いているのを見かけるが、みな本土で買ったものであろう。

　このような生活物資の不足に不便さを感じると、自分がふだん生きている世界にはいかに多くのモノがあふれているか、いかに多くの選択肢に恵まれているかにあらためて気づくとともに、フィールドで暮らす人々の生活を自分たちのそれとはまったく違うものに感じてしまう。また、マリノフスキー以前の人類学がそうであったように、このような感覚は往々にして、自分たちとかれらの境界線を創出し、自らの思考に両者を比べる視点を自然ともち込んでしまうのかもしれない。もちろん、かれらが生きていた時代とは違い、現代ではさまざまな情報が容易に入手できる環境にあるため、そのものさしをもとに優劣を測る人も多くはないだろう。

　ただ、ふとそのような状況に置かれた際に我に返り思うのは、このような「違い」に対する感覚はどこからくるのかということである。読者の中には、筆者が先に「先住民コミュニティ」であることに言及し、そこにおける自らの立ち位置を「よそ者」と提示したことで、「先住民」という指標が「違い」を考えるうえでの基準になっていると考えた人もいるかもしれない。ただ、ここで注意しなければならないのは、筆者が最初に感じた「違い」は、主に「遠隔地」で生活を始めるにあたって感じた「違い」であり、「先住民」としてのかれらに直接関係のあるものではないということだろう。

　もしかすると、筆者が日本でも「へき地」と言われるような場所に住んでい

たら、状況は違ったかもしれない。実際に、オーストラリアと日本で遠隔地の学校をまわり、話を聞かせていただくと、各学校の教員の年齢層や離職率の高さ、各家庭との関係性や児童生徒指導のあり方など、各学校が抱える問題には、かなり共通点・類似点のあることがわかる。これはひとえに「遠隔地」が置かれた状況ゆえと考えられる。つまり、「遠隔地」という地域性ゆえの構造や問題が、そこに住む人々の暮らしや選択に影響を与えていると整理できるのである。

　ここから、次のことが指摘できよう。私たちは往々にして、目に見えるわかりやすい違いを拠り所に、私たちと「他者」の境界線を引きがちである。ただその際に少し立ち止まり、その「違い」が何に起因するものなのか、どのような指標でその「違い」を眺めているのかを考えてみる必要があるのではないか。現代社会においては特に、移動は多くの人にとって、もはや日常の行為となり、いまや自分が生まれた国・地域以外で教育を受け、仕事をする人も少なくない。その一方、モノや情報へのアクセスには、地域的・経済的不平等が存在する。このような状況は、私たちに、これまで用いられてきた境界線に基づく分類のみで「他者」を捉えることの限界を示唆していると考えられる。

　キャンベラにあるオーストラリア国立博物館には、現代のオーストラリア社会の表象として、「オーストラリア人」について考えるブースが設けられている。もう10年以上前になるが、筆者が訪問した際には、先住民や移民2世・3世など、外見がいわゆる「白人オーストラリア人」ではない、オーストラリア生まれの人たちが自分たちは「何人」なのか、「オーストラリア人」とは誰なのかを問いかけるビデオクリップが流されていた。マリノフスキーが生きた時代から100年足らずとはいえ、グローバル化の進展は、私たちが想定する「他者」の内容に、さまざまな変更をもたらしている。

　ただ、だからといって、集団性を帯びた存在としての「他者」について考えることが、まったく意味をもたなくなったというわけではない。コロナ禍において明らかにされたように、危機的な状況においては地理的・政治的な境界線が人々の意識に強く影響することもある。また、多様な価値観が認められる現代社会ゆえに、支持されること、批判の対象となることもあるだろう。現代社会において「他者」を理解するとは、それゆえ、いっそう複雑性を帯びた「他

者」の理解にほかならない。だからこそ、フィールドワークが信条とする自分の目で見て感じるという行為そのものがいっそう重要視されると言えるだろう。

(2)「他者」の「文化」とは何を意味するのか

　「他者」と同様、グローバル化の進展によりその捉え方や内容に変更が見られる事象の一つに、「文化」があげられる。「文化」が意味するところは、研究分野・領域や時代によっても異なり、一様に共通の定義をもつことは難しい。一般的に広く共有されているのは、岡部（1996）により示される「ある集団のメンバーによって幾世代にも渡って獲得され蓄積された知識、経験、信念、価値観、態度、社会階層、宗教、役割、時間・空間関係、宇宙観、物質所有観といった諸相の集大成」(p.42) といった定義であろう。すなわち、「文化」とは、生活のあらゆる面に影響を与える根源的かつ多層的なものと整理できる。

　私たちは実際に、この「文化」という観念に基づき、多くの物理的な「モノ」をつくり出している。カーター（Jeffrey Carter）は、「文化の島」という概念で、この両者を「見える文化（物理的文化）」と「見えない文化（観念的文化）」とに区分し描写したが、この捉え方はまさに、表面的に確認できる文化と、その違いを生み出している根源とも言える、そこに暮らす人々の価値や信念との関係性を提示したものであり、「文化」が、ある特定集団の中で長い年月を経て培われてきたものであることを示している（八代ほか, 2010: 18）。

　このようなカーターの整理を理解しておくことは、異なる背景をもった者同士がコミュニケーションをとる際に、互いの誤解・摩擦を避けるうえでも有益であろう。しかし、現代社会における「文化」を考えると、先に「他者」の捉え方に関して言及したように、現在ではその構造はそれほど単純ではないと言えるのかもしれない。周知のとおり、グローバル化の進展に伴うインターネットの発達は、さまざまなメディアを通して、私たちを取り巻く「文化」を画一化する一方で、さまざまな価値観に基づく、多様な「文化」のあり方・捉え方の承認を求めている。

　たとえば、いまや日本文化の代表格とも言えるマンガやアニメは、世界各国で若者を中心に支持を集めており、かれらの日本語学習の主な動機となっている。留学生と話をすると、筆者などこれらにもともとあまり強い関心をもたず

に育った者からすれば、「日本文化」とはいえ、まるで外国の話を聞いているような感覚にすらなるものの、同様の趣味嗜好をもつ者同士の間では、育った国・地域や環境が違っても、すぐに共感できる土台がある。また、SNSの利用に関しても、出身国・地域の違いより、世代による違いが影響を与えている。このような現象は、これまで比較的固定的なものと捉えられてきた「文化」の枠組みに揺らぎを与え、それを共有する集団・しない集団で、新たな枠組み・境界を形成しているさまを描き出しているように見える。

　1960年代にイギリスで誕生したカルチュラル・スタディーズは、これまでの文学を中心とする、いわゆる高尚文化を対象に行われてきた「西洋」中心の文化研究のあり方を批判し、人種やエスニシティの問題、ジェンダー、植民地主義等の政治的・批判的視点から文化を捉え直す、まさに現代社会における文化研究のあり方の大きな転換点を築いた。吉見（2001）は、カルチュラル・スタディーズにおける文化概念を次のように提示している。

　　文化はけっして何らかの一貫した原理で構成される統一体ではない。むしろそれは戦場であり、教養的なものや大衆的なもの、ナショナルなものやグローバルなもの、エッセンシャルなものや相対的なものが、折衝するさまざまな社会戦略の重なり合いのなかで構築されていく。したがって、文化はいつもそのなかに矛盾や亀裂、ねじれや妥協を抱え込んで変化している。(p.9)

　確かに、吉見が指摘するように、「文化」とは政治性・社会性を帯びたものであり、かつそのせめぎ合いにより構築され変容させられていくものであるため、いわゆる高尚文化といえども、決して固定的なものではない。また、カルチュラル・スタディーズがもたらしたこのような「抵抗」の視点が、文学・文化研究に内包される権力構造を明るみに出し、本来それが多様性を帯びたものであることを、理論的に指摘・整理した点は重要であろう。

　だが、先ほどの「日本文化」の例に戻り考えてみると、私たちの日常の中で、私たちとともにある「文化」は、SNS等をはじめとするソーシャル・メディアの急速な利用の拡大により、国境のみならず個々人の背景や信条をも超

えたネットワークの創出を可能としているように見受けられる。人類学の分野でも、2000年代以後、現代社会における「文化」理解を目的に、私たちの身近な地域・生活に密着し「日常」を問い直す試みが多く紹介されるのを目にするようになってきたが、調査・研究対象とする内容・概念の多方面への広がりが、現場に根付く息づかいや感覚を重視するフィールドワークの意義を、あらためて認識させる方向へと動いてきたように思われる。

　ここであらためて、現代社会における「フィールドワーク」の意義と目的を整理しておこう。人々が自由かつ容易に移動でき、かつインターネットでさまざまな情報の入手が可能な現代社会において、「フィールドワーク」の意義はどこにあるのか、なぜ私たちは「フィールド」に赴く必要があるのか。その答えは、ひとことで言えば、より多様化・複雑化する社会を理解するため、またそこで生きる他者やかれらの文化を理解するため、ということに尽きるだろう。特に後者に関して言えば、現代におけるフィールドワークでは、これまでの社会で前提とされてきた、明らかな「他者」や「異なる文化」を対象とすることは難しい。ただ、そこに複雑さや曖昧さがあるからこそ、それを精緻に検討するフィールドワークという手法が、あらためて意味をもつと考えられるのである。

2. 多様性を活用した授業実践——「札幌をフィールドワークする」

　筆者は、2013年度から多文化交流科目の一つとして、「札幌をフィールドワークする」という授業を毎年担当してきた。定員は、原則として、日本人学生10名、留学生10名の計20名である。2020年度1学期に新型コロナウイルス感染症拡大の影響でオンライン授業へと移行した際には一時期、学生が個々人でフィールドワークを行い、その成果を各自でまとめ発表するという形式をとったものの、対面で実施していた際も、オンライン授業が続く現在も、日本人学生と留学生の混成グループをつくり、グループでテーマやフィールドを決め、札幌の街や大学構内を歩き調査するという方式を基本としている。

　授業の前半では、主にフィールドワークの手法を学習し、後半にグループでのフィールドワークへと移行する。前半の「座学」では、具体的に、「フィー

ルドワークとは、フィールドワークの手順と方法」「現代のフィールドワーク」
「観察」「研究倫理と役割の取り方、情報収集」「アポイントメントの取り方と
インタビュー」「フィールドワークの組み立て方・まとめ方」といった内容を
扱うが、教員による講義はあるものの、基本的にはグループに分かれ、学生が
自ら考える活動を多く取り入れるよう工夫している。また、グループ構成も、
なるべく多くの学生と話し、触れ合う機会をもってもらうため、毎回違うメン
バーになるよう調整している。一方、後半のフィールドワーク「実践」は、そ
れまでの活動での学生個々の動きや興味関心、かれらの出身国・地域および母
語等を参考に教員がグループのメンバーを選び、最後のポスター発表およびレ
ポート作成までの期間は、固定メンバーで協働する。

　本授業で学生が共通に検討するテーマは「現代社会の諸相」である。グルー
プはそれぞれ、現代社会の特徴をよく表していると思われる場所をフィールド
に選び、そこに見える人々の行動の特徴から、その意味をあらためて問い直す
作業を行う。これまでに学生がフィールドとして選定した場には、人々の憩い
の場である大通公園や円山公園、札幌駅、地下鉄・JR線、大型書店、大学構
内の学生食堂等さまざまな場があげられるが、いずれの場所をフィールドに選
ぶにせよ、先行研究の整理・検討とフィールド調査の往還によるテーマの詳細
な検討を求めている。

　たとえば、学生食堂（以下、学食）をフィールドとしたグループは、具体的
に以下のような作業・検討を行い、現代社会が「個人化」「個別化」へ向かう
社会なのか否かを検討している。そもそもかれらが「学食」をフィールドに若
者のコミュニケーションスタイルの変化を調べてみたいと思ったのは、グルー
プのメンバーの一人が、授業の中で「観察」体験の一環として訪れた学食で、
友人と一緒に食事をとったり談笑したりしている学生たちが常にスマホを意識
していることが気になったという、個人の気づきに端を発している。その後、
かれらはさまざまな時間帯に学食を訪れ、学生がどのような目的で、どのよう
に学食を利用しているのかを観察した。またそれと同時に、携帯電話が人々の
コミュニケーションのあり方や社会にどのような影響を与えているのかを、先
行研究の整理等から検討した。そして、実際にグループで学食を利用する学生
を対象にインタビューを行い、学生は集団の一員として食事や会話に参加して

いる際に、グループにおけるコミュニケーションの阻害となるような携帯電話の利用は極力避ける傾向があること、そしてむしろ、話題にあがった内容について調べたり、その場にいない学生にコンタクトをとったりと、かれらの仲間内と外とを結びつけるような目的でそれらを利用していることを明らかにした。限られた時間の中での調査ゆえ、もちろんそこで示唆された「答え」について、さらなる検証は必要だろう。しかし、かれらの調査・検討からは、携帯電話が、社会の個人化・個別化を、必ずしも促進するとは言いきれないことの一端がうかがえた。

　また、地下歩行空間にある商店街をフィールドに選んだグループは、地下鉄の二つの駅をつなぐ通路にひしめく店々に注目し、なぜ「移動」の過程とも言える通路に店が設けられたのか、どのような人が利用するのかを文献調査、観察および店舗へのインタビュー等から検討し、「効率性」を重視する現代社会における消費行動の一端を明らかにした。かれらの調査によれば、そもそも通路にある店は奥行きが浅く、どのような品物が陳列されているのかが、通路からでも一目でよく見えるようになっている。また、店舗へのインタビューからも、買い物客がそれほど時間をかけずに買い物を済ませていく様子がうかがえた。かれらの調査からは、この「移動」に費やされる時間を効率的に利用しようとする現代人の特性と、そこにうまく目をつけた店舗の戦略とが合致した結果、このような商店街の存在意義を際立たせていることが明らかにされた。

　このような授業内におけるフィールドワークは、学生にとっては「座学」のあとの「実践」という手順を踏んではいるものの、先に指摘した、人類学におけるフィールドワークが目指してきた「社会」や「問題」の全体像を把握・理解しようと試みること、ある一つの問題を検討するうえで具体から抽象へと問題のレベルを上げること、という2点を意識したものであり、グループでの活動とはいえ、その目的や意図を明確に理解したうえで進めることは難しい。また、このような、いわば実践と理論の往還の試みは、非常に時間のかかる作業でもある。そのため、フィールドワークは授業の時間外に実施し、授業時間中は、それらの結果を、先行研究や教員および同じグループの「多様」な視点からの意見をもとに、じっくり検討する時間にあてている。

　先に言及したように、フィールドワークとはそもそも自分とは異なる社会

に住む人々の行為・行動から社会や人間についてあらためて考えることを目的にとられる調査・研究手法であり、そこでは調査対象者をはじめとする「他者」の視点が重視される。多文化交流科目は日本人学生と留学生の協働学習授業であるため、そこで想定される「他者」は、現代社会の特徴の一つとも言える、すでに多様性を帯びた「他者」でもある。以下では、授業の中で実践している、特に「多様」な他者との交流・協働が有益だと考えられる活動を取り出し、紹介したい。

2-1. 観察

　フィールドワークにおいて「観察」は、「自身の目で見、耳で聞き、肌で感じる」を実践する、フィールドワークの代名詞と言える作業である。上記した人類学におけるフィールドワークでは、現地の社会生活に参加しながら、その社会の構成員と同じような立場で出来事を観察する「参与観察」が一般的であるが、現代社会において、自らが住む場所をフィールドに行う調査では、調査者自身がすでにその社会の構成員であるため、自らの住む街を再発見するための「観察」が主となるだろう。

　箕浦（1999）によれば、研究方法としての観察法の特徴は、①人々が生活を営んでいる状況で、②質問紙（アンケート調査）や実験装置といったものを媒介とせず、調査者である観察者が自らツールとなって、③現在生起していることを直接把握することにある（p.22）。この観察法の難点は、常に客観的に観察対象とされる場・対象者を眺めることは難しく、観察者の「主観」が多分に反映されるおそれがあること、観察者がその場に居合わせることによって観察対象者の意識や行動が変わってしまうおそれがあること等があげられる。これらの問題を最小限に抑えるために必要なのは、フィールドにおける自分の立ち位置を常に意識し考えるとともに、多様な視点からの意見に耳を傾けることだと考えられる。

　授業では、グループに分かれ実際にフィールドワークを行う前に、観察の際に調査者に求められる視点や視野について考えてもらうため、以下の三つの活動を行っている。

①グループに分かれ、学内で雑多に人が集まる学食や学生ラウンジ、図書
　館等へ赴き、10〜15分程度その場に滞在し気づいたこと、感じたこと、
　考えたことを記録し、共有する。
②各自、札幌の街を歩き、「現代社会」という視点で眺めたとき自分が気
　になったものを写真に収め、後日受講者で共有する。
③日本の小学校の授業風景を収めた動画を視聴し、自身が気づいたこと、
　考えたことを共有する。

　上記①の活動は、学生に「フィールドワーク」とはどのようなものかを体験
し考えてもらうために、授業開始後、比較的早い段階で行っている。そのうえ
で②を宿題として課し、フィールドワークにより明らかにする現代社会の諸相
について、学生は、自分なりの模索を開始する。その後、実際に③を経験する
ことにより、学生は、「観察」に必要とされる視点や自らの立ち位置をあらた
めて考えることになる。

　これらの活動のいずれにおいても、日本人学生と留学生という多様な背景を
もった学生同士の混成グループでそれぞれの調査結果を報告するため、必然的
にそこで提示される視点や意見には多様性が見受けられる。もちろん、日本も
しくは札幌で育った学生とそうでない学生、また日本もしくは札幌にすでに一
定期間滞在している学生とそうでない学生では、日本人・外国人留学生の別を
問わず、自らが「気になる」ものが違うのは当然であろう。たとえば、②「街
歩き写真」の共有においては、気になったものを選んで3枚の写真を撮ってく
るよう学生に指示しているが、道外出身の学生は、温度計のメーターを外壁に
あしらったビルや雪除けのための縦型の信号機等、北国・雪国らしいものをそ
の一枚に含める傾向が高い。これは、外国人留学生か否かにかかわらず、それ
に馴染みがない、珍しく感じたといった理由によるものである。

　一方、外国人留学生の中には、車が停まっていない駐車場でバドミントンを
する人たちの写真や24時間営業のネットカフェの看板の写真等、ある意味で
日本ではすでに日常の風景とも言える景色を写真に収めてくる者もいる。前者
については、なぜ本来そのような活動が行われることを目的とする公園等へ
行ってしないのか、また後者については、なぜ24時間営業にする必要がある

のかといった素朴な疑問によるものだが、このような「内」にいる者には見えにくい、現代の日本社会を理解するうえで何らかのヒントになるような視点を、「外」者である外国人留学生の指摘で気づかされることも少なくない。

　また、③の活動においては、近年では学生に、小学校中学年における「道徳」の授業のひとコマを動画で見てもらい、それぞれ気づいたこと、感じたことを共有することとしているが、ここでも出身国・地域の違いによる着眼点の違いが見られ、興味深い。たとえば、日本では話し合いの際等によく行われるコの字への机の配置変更は、中国の学生には馴染みがないようで、授業内容・形式に応じて机を動かしている映像を見てびっくりしたとの感想が聞かれることが少なくない。また、「道徳」のような授業で子どもたちに考えさせる、議論させる教育方法に対しても、東アジア出身の学生を中心に、道徳は教えられるものだと思っていたし、そのような授業は受けたことがないので新鮮だったとの声もあがっていた。さらに、先生の板書がよく準備されたものであり、読みやすいことも、多くの留学生から指摘される点である。

　「授業」の観察と言うと、それに馴染みのある日本人学生は往々にして、教員の授業の進め方や子どもたちの反応、さらには授業内容に目を向けがちだが、少し視点を変えてみると、教室環境をはじめ、私たちがふだん「背景」とみなしていることからも、さまざまな発見があることに気づくことができる。また、フィールドワークで一般的に行われる、特定の「他者」への注目の仕方も学生により違いが見られるが、それらの指摘には学生の出身地や背景によると考えられるものも存在し、興味深い。質問の仕方や受け答え、教員への対応等は、環境や周りの子どもたちの影響を受け形成されるものであり、自らが育った環境や受けてきた教育という眼鏡を通して見る傾向が染み付いているのであろう。

　本章の前半に言及したように、フィールドワークが対象とする「他者」やかれらの生活、かれらを取り囲む文化といった事象は、現代社会においてはすでに「多様性」を帯びたものとして存在する。もちろん、だからと言って必ずしも調査者にその「多様性」に対する理解が必要であるとは限らない。しかし、同じものを多様な視点から眺めたときに見える違いや気づき、発見が、ものごとや概念を考えるうえでの核心・中心を照らしていることも少なくない。多様

な他者との協働は、一人ではその糸口を得ることすら難しい、この「本質」を考えるにあたり、大変有益な作業の一環だと考えている。

2-2.　研究倫理と情報の取捨選択について

　フィールドワークにかかわらず、調査研究を進めるにあたっては、研究倫理の遵守とともに、情報の適切な取捨選択が求められる。特に、人類学におけるフィールドワークのように、他者の世界に入り込む活動を主とする研究方法をとるにあたっては、フィールドはもちろんのこと、調査に協力してくださる方々に対して、慎重な対応ときめ細やかな配慮、さらには適切な手続きが必要とされる。

　近年、日本でもアイヌ民族の遺骨問題が新聞等をはじめとするメディアで大きく取り上げられ、先住民族を対象とした調査研究のあり方にあらためて疑問が投げかけられている。文化人類学会（当時は日本民族学会）では、1988年に研究倫理委員会が設立され、90年代にかけて、アイヌをはじめとする先住民族・少数民族問題を対象とした研究において、学会として倫理綱領の策定が必要か否かについて、さまざまな意見に基づき検討がなされてきた。この議論の中では、民俗学者である宮本常一が1972年に行った「調査地被害」という問題提起も確認されており、研究者と調査対象地の権力関係に関する問題についても、早くから議論されていたことがわかる（田代, 2014: 6）。

　2006年には、日本学術会議により「科学者の行動規範」が定められ、各学会に対し、不正行為防止に関する対応が求められた。これを受けて、学会をはじめ大学等の研究機関においても、倫理綱領の策定・整備と倫理委員会の設立が進められた。現在、大学では、所属する研究者に対し、国が管理する科学研究費の申請や使用にあたって、研究費の不正使用防止のため、一定時間の講習を受けることを義務づけているが、調査研究倫理に関する事項は、各学部・大学院の問題とされており、大学全体で一貫した対応とはなっていない。これは、研究分野・領域により配慮すべき事項や程度が違うため、分野・領域ごとの対応とならざるを得ず、そのために学会における整備が進められてきたという背景によるものと言える。

　しかし、諸外国、特に欧米諸国では、状況は大きく異なる。たとえば、筆者

がフィールドとするオーストラリアでは、各大学等研究機関に倫理審査を行う専門の組織が設けられており、国の指針・基準に従って一律に審査を行う体制が敷かれている。そのため、日本の大学で行われているように、同じ学部・大学院の教員（同僚）が審査にあたることはない。また、（筆者はこの点が一番問題だと考えるが）調査研究上で疑問・問題等が生じた際の窓口として、調査者が所属する学部・大学院等の組織がかかわることもない。もちろん、このように研究倫理審査体制が整備されたからといって、調査者・被調査者間で生じ得る問題がまったくなくなるとは言いきれないが、少なくとも、調査者が適切な手段を講じたうえで、被調査者が調査に参加しやすい環境が整備されていると考えられる。

　授業では、研究倫理および情報の取捨選択、盗用・剽窃について考えてもらう時間を１コマ設けている。授業の前半は、公園におけるフィールドワークを例に、たとえば夜間に集まって大きな音を立てる行動を繰り返す若者集団が対象の場合、もしくはそこで遊ぶ子どもたち（特に乳幼児）が対象の場合、調査を実施するうえでどのような配慮や手続きが必要か、異なる対象者による違いも含め、グループに分かれ検討している。また、一定期間フィールドに通う等により、ある程度信頼関係が構築された場合に生じる変化や検討すべき課題等についても議論している。

　研究倫理の問題とあわせて、授業の後半では、次に示す設問をグループで検討し、その答えを共有することで、盗用・剽窃の範囲と危険性について考える時間を設けている。次に示した設問は、いずれも剽窃にあたる。この結果は、これらの内容にすでに馴染みのある学生にとっては当たり前のことかもしれないが、特に東アジア地域出身の学生の中には、設問②のように「自分のことばでまとめなおした」場合には「引用」ではないと捉えている者も、少なからず存在する。出身国・地域の違いは、どこで教育を受けてきたのか、どのような教育を受けてきたのかの違いでもあるため、それぞれが身につけている知識・理解にズレがあるのは当然のことかもしれない。しかし、盗用・剽窃は、学生であるか否かにかかわらず、現在では厳格な処罰の対象となる事項である。これまで留学生を対象にこのような内容を授業で確認すると「知らなかった」という声が多く聞かれるが、だからこそ、学生生活の早い段階で、そのような知

識・理解の相違に気づき、修正を促す必要があると考える。

> 　次の場合は、剽窃にあたるのでしょうか？　その理由も合わせて考えて
> みましょう。
> ①ある文献から文章を引用し、参考文献リストにその文献の情報のみ記載
> 　した。
> ②ある文献から文章を引用したが、筆者のことばそのままではなく、自分
> 　のことばでまとめなおしたので、特に断りはしなかった。
> ③ある文献から文章を引用し、引用元も記載したが、もともとの文章の漢
> 　字が間違っていたので、訂正して引用した。
> ④あるサイトから情報を引用したが、印刷された資料ではなかったので、
> 　特に断りはしなかった。
> ⑤あるサイトから写真をコピペして使ったが、文章の資料ではなかったの
> 　で、特に断りはしなかった。

　また上記の研究倫理にかかわる事柄に加え、次に扱う文献調査とも関連する
が、情報の取捨選択について、特にインターネット上に公開されている資料の
利用方法についても、注意を促す必要がある。これは、著作権や肖像権等にか
かわる問題であると同時に、信頼できるデータの使用についての理解を深める
点で重要である。近年では、ウィキペディアをはじめ、インターネット上で誰
もが書き込み可能な用語解説や辞書等も存在し、学生のレポート等でも引用さ
れているのを目にすることが少なくない。これらのサイトは、すぐに必要とさ
れる情報の概要が入手できるという点では有益である。しかし、レポートをは
じめ、明確な根拠を示す必要のある報告等での使用には適さないという理解が
すでに共有されている。授業では、信頼できる・信頼できないという判断基準
について、その理由も紹介しつつ確認し、理解を促している。

2-3. 文献調査

　「フィールドワーク」というと（参与）観察やインタビュー等、調査者が実
際に現地に赴き行う調査がイメージされるだろうが、その作業の大半は、文化

人類学やフィールドワークに関する多くの入門書でも必ず言及されていると
おり、現地に行くまで、もしくは行った後の情報の収集（先行研究の検討）と整
理・検討にある。そのため、先に言及したように、この授業ではフィールドに
行くのは授業時間外の作業とし、授業時間内には極力、同じグループのメン
バー同士もしくは教員も交えて、フィールドで得た結果の検証に費やせるよう
努めている。

　授業では、具体的なフィールドワークの作業手順として、早い段階で下記に
示す流れを提示している。もちろんこのほかにも加えるべき事項はあるだろう
が、筆者がここで学生に繰り返し指摘しているのは、フィールドワークを進め
るうえで、既存の研究やデータの把握が重要であることと、フィールドの総合
的な理解に努める必要があることの2点である。

---

①フィールドを選定する
②フィールドの全体像を把握する
③リサーチクエスチョンを立てる
④観察する
⑤観察結果を読み解くための理論的な枠組みを模索する、資料を収集す
　る、インタビューを行う
⑥（可能であれば）理論に導かれた事象の観察を実施する（確認する）
⑦データを分析する
⑧結果をまとめる

　最近は少なくなってきたが、フィールドワークに馴染みのない学生は、
「フィールドワーク」と聞き、真っ先に観察や聞き取り等の現地調査を思い浮
かべる。もちろん、何の背景知識ももたずにフィールドを訪れるからこそ気づ
くこと、見えることもあるだろう。しかし、フィールドで得た気づきを徹底的
に検討していくにあたっては、フィールドに関する知識・情報はもちろんのこ
と、それらを統合するための理論的枠組みが必要である。

　また、先行研究の整理や観察が進み、聞き取り調査が必要な際にも、事前に
どれだけ公開されているデータ・資料を調べ、かつ整理できているかが鍵とな

るだろう。授業でも繰り返し伝えているが、すでに公表・公開されていること、聞かなくてもすぐにわかることを、確認目的以外で質問することは、調査に協力してくださる方の貴重な時間を無駄にするという点で失礼にあたる。また、そのような態度で臨む聞き取り調査では、得られる情報も少ないだろう。フィールドワークの中で聞き取り調査を行いたいと思っても、いつでも協力者が見つかるとは限らないし、限られた期間内に対応してもらえるとも限らない。学生には、フィールドワークを進めるに際して必要なモノ・コトの一つに「運」もあることを伝えているが、だからこそ、本当にそれが必要なときに必要なことを聞くという態度で常にいられるよう、準備をしておかなければならないのである。

　先に言及したように、フィールドでの観察に際してだけではなく、文献調査を行う際にも、また聞き取り調査の準備をする際にも、多様な背景をもった者同士が協力して取り組むことには、さまざまな利点がある。たとえば、得意とする言語が違えば、それだけ調査対象に含められる文献の選択肢が広がるだろう。授業の中で「現代人にとっての移動」について、地下鉄を利用する際の人々の時間の使い方を調べていたグループがあったが、日本語にも英語にも堪能な留学生の一人が、この分野に関しては、日本語よりも英語で多くの文献・資料があることに気づいた。その事実に直面した日本人学生たちは、自分たちの英語力から、英語文献にあたるのは時間がかかると躊躇していたが、調べる文献やその後の作業をグループ内で分担することにより、先行研究等の成果を自分たちなりに整理することができ、そこから導かれた仮説をもとに、さらなる観察を行うことができた。

　また、聞き取り調査を行うための準備段階にあっても、それにすでに馴染みのある人同士で質問事項を考えるより、それにあまり知識がない人が加わった方が、新たな視点でものごとを捉えることが可能な場合もある。たとえば、札幌にあるロシア正教会をフィールドに、日本における宗教の位置づけを考えたグループがあったが、日本人・中国人・ロシア人という構成で、かつ特定の宗教を信じている者・そうでない者の混成グループだったからこそ、教会に通うさまざまな立場の人に話を聞く際に、それぞれの立場から質問を考え、かつその内容を事前に共有することで教会に関する知識を深めることができたという

事例もあった。

　授業で行うフィールドワークでは、フィールドの選定から結果のまとめに至るまで、常に時間的制約がある中で作業を進めなければならない。そのため、多様な他者との協働は、一人でできる作業の限界を補うとともに、新たな視点の共有により、テーマについてより深く考える機会を得るための作業でもある。授業でのグループワークを見ていると、多様な他者との協働だからこその摩擦や衝突も、当然存在する。それはときに、容易に修復できるものではないと感じることもある。ただ、だからこそ、（授業担当教員という立場ゆえかもしれないが）協働から学ぶこと、得ることも少なくないと考えている。現代社会において「他者」「異文化」を理解するうえで、多様な他者と協働で行うフィールドワークには、その調査結果・成果以上の学びがあると考える。

おわりに

　この章では、筆者が多文化交流科目の一つとして提供している「札幌をフィールドワークする」という授業を題材に、グローバル化の進展とともにますます多様化・複雑化する社会の中で、フィールドワークという手法がどのような意味・意義をもつのか、また多様な背景をもった学生の協働によりそれらを実践する意義はどこにあるのかを提示してきた。多様化し複雑化する現代だからこそ、自分とは異なる他者や異文化の理解のため、精緻な実地調査が必要とされる。そして、多様な他者との協働は、その理解を進めるうえで必要な、多様な視点からの検討を可能にする。

　これまで10年近くこの授業を継続的に提供する中で、2回だけ、グループによるフィールドワークという形式をとらなかったことがある。一度は、学生の授業時間外での分担を公平化するため留学生と日本人学生を1対1で組ませたから、またもう一度は、新型コロナ感染症拡大の影響によりグループでの実施が難しく、個人でのフィールドワークとしたことによる。ただ、要因は多々考えられるが、いずれもうまくいかないケースが目立った。当初、グループで作業を進める最たる目的は、フィールドワークという、そもそも時間のかかる作業を、授業時間内という限られた中で実施する物理的制約を克服するためであっ

た。しかし、時間の効率的な活用以上に、本章で見たように、フィールドワークのさまざまな場面で協働の効果は大きいと感じている。今後は、このグループでの学びをいかに個人の学びに還元していけるかが課題だと考えている。

🧠 考えてみよう

1. 現代社会において「フィールドワーク」を行う意義は何か。「フィールドワーク」によって何が明らかにできると考えるか。具体的な場面を想定しつつ考えてみよう。
2. 自分と他者とが同じ・違うという感覚はどこからくるのだろうか。同じ・違うを構成する境界線について、具体的に考えてみよう。
3. 自分が興味のある「場所」を一つ選定し、①事前にすべきこと、②フィールドワークの最中にすべきこと・気をつけること、③終了後しなければならないこと、という三つの時間軸で、「フィールドワーク」の計画を立ててみよう。

📖 ブックリスト

1. 佐藤郁哉 (1992)『フィールドワーク——書を持って街へ出よう』新曜社
2. 佐藤知久 (2013)『フィールドワーク 2.0——現代世界をフィールドワーク』(京都文教大学文化人類学ブックレット No.8) 風響社
3. 日本文化人類学会 (監修)，鏡味治也・関根康正・橋本和也・森山工 (編) (2011)『フィールドワーカーズ・ハンドブック』世界思想社
4. 村田晶子・箕曲在弘・佐藤慎司 (2022)『フィールドワークの学び方』ナカニシヤ出版
5. 山泰幸・足立重和 (編著) (2012)『現代文化のフィールドワーク入門——日常と出会う、生活を見つめる』ミネルヴァ書房

引用文献

・岡部朗一（1996）「文化とコミュニケーション」古田暁（監修），石井敏・岡部朗一・久米
　昭元（著）『異文化コミュニケーション』有斐閣，pp.39-60

・佐藤知久（2013）『フィールドワーク2.0──現代世界をフィールドワーク』（京都文教大
　学文化人類学ブックレットNo.8）風響社

・田代志門（2014）「研究規制政策のなかの社会調査──『研究者の自治』から『行政指導』
　へ？」『社会と調査』No.12，pp.5-12

・箕浦康子（編著）（1999）『フィールドワークの技法と実際Ⅰ　マイクロ・エスノグラフィー
　入門』ミネルヴァ書房

・八代京子・町恵理子・小池浩子・吉田知子（2010）『改訂版 異文化トレーニング──ボー
　ダレス社会を生きる』三修社

・吉見俊哉（2001）『知の教科書　カルチュラル・スタディーズ』講談社

第7章　異文化コミュニケーションにおける多様性

式部絢子

　グローバル社会の到来と相まって、多様性に注目が集まってきました。国や地域の異なる人々とのコミュニケーションでも多様性を感じるでしょう。ここでは、「異文化」におけるコミュニケーションを議論する前段階として、まず、私（自己）とあなた（他者）に目を向けます。対話を通して、異文化コミュニケーションの「異」について視点をずらして考えます。

🔍 キーワード

対話　自己　他者　個の文化　ステレオタイプ

はじめに

　本章は、実践家・実務家としての筆者の経験に基づき考案・実践する授業について、その理論的背景と内容を紹介するものである。筆者は、海外の四つの国・地域と国内の二つの地域で日本語教育に携わってきた。日本語教育とは一言で言えば、「日本語を母語としない人への日本語の教育」と説明できるだろうが、大学における対象者は主として留学生であるため、おのずと海外、そして国を境とする異文化との接点が前提とされる。しかし実際には、言語・文化的背景はもちろん、近ごろでは世代間ギャップなどさまざまな「異」に接することになる。

　筆者は大学のほかに自治体でも国際交流・多文化共生にかかわる活動をしている。ここでははじめに、それぞれにおける筆者の三つの活動・役割を説明する。一つ目は、大学で「日本語科目」担当者として、留学生を対象に日本語の授業を提供している。そこでは、言語を使ってつながりをつくり、他者と協働して社会を創造していく「北海道大学日本語教育スタンダーズ」を念頭に、授業を行っている。二つ目は、留学生と日本人学生がともに学ぶ「多文化交流科目」の担当として、双方のコミュニケーション能力の向上、異なる背景をもった者同士の協働を通して、多様な価値や考え方に触れ、自らの価値や考え方を振り返ったり新たな視点を得たりすることを目的に授業を構成・提供している。三つ目は、自治体における多文化交流コーディネーターとして、国際交流や多文化共生につながる町づくりのための事業を企画・運営している。2016年から北海道秩父別町において活動をしているが、この地域に留学生はおらず、かつ外国人が多く訪れるような観光地でもないため、外国との接点は非常に限られる。昨今、北海道では働き暮らす外国人が増えてきており、秩父別町でも、外国人住民が増えていく可能性が考えられ、また、外国人観光客を増やしたいという希望もあることから、町の活性化のための国際化、多文化共生という観点で、住民を巻き込んだ事業を企画運営している。町のイベントや国際化事業と多文化交流科目を連携させ、地域の課題を認識し、解決の糸口になるようなプロジェクトを実施したこともある。

　このような筆者の三つの立ち位置について、大学と自治体ではかかわり方がまったく異なると思われるかもしれないが、実は理念の部分では大きな重なりをもっている。筆者の日本語教育実践は「ことばによって他者を知る、自己を知る、社会を知る」というところに軸があり、お互いの考えていること、感じたことをことばによって表現し合う対話活動という点で共通する。また、三つ目の地域というフィールドは多くの学びを得られるとともに、地域にとっても多くの気づきが起こる。その効果を引き出すためにも、お互いが何を感じ、考えているのか、そしてなぜそう思うのかといった対話が必要となる。それは、どのような言語を母語とするのかによって限定されるものではない。そのため、筆者の実践を支える理念は、同じ土台に根をもつものと言えるのである（式部, 2019）。

　本章では、筆者にとっての多様性の捉え方を説明し、立ち位置を示したうえで、多文化交流科目として提供する「多文化共生入門ゼミ」について紹介する。

1. 多様性の捉え方

1-1. 言語教育における多様性

　まず、多様性に触れる前に、筆者の考える言語教育の役割について整理しておきたい。筆者が実践する日本語教育では、単に日本語の語彙や表現を豊かにし、流暢性を高めることを第一義的な目的にはしていない。一見矛盾するかもしれないが、一度「日本語」という言語的ラベルを外して、「ことば」の使用者として対象を捉えている。なぜならば、「日本語」の運用力にばかり囚われてしまうと、多様な文化的背景をもつ、複数言語使用者の豊かさを奪ってしまう可能性があるからだ。

　たとえば、北海道大学には国内外問わず多様な地域から学生が集まってくる。しかし、構内で多種多様なことばが飛び交っているわけではない。なぜなら、各々が自分のもつことばのバリエーションを調整して、コミュニケーションをしているからだ。自然と（見えない強制力ももちろん含むが）多数派の言語で効率的にコミュニケーションをとっているのである。さらに、相手や状況によって言語の種類、言語のもつスタイルを変えることは、スムーズにコミュニ

167

ケーションをとるという社会的行為に欠かせない。もちろんその中で、表現することのもどかしさや、反対におもしろさを感じたりすることもあるだろう。

　グローバル化する北海道大学では多様な言語学習の機会や、日本語以外の言語を使ったプログラムも提供されている。このような環境を鑑みれば「日本＝日本語」とは限らないという意識も芽生えそうなものだが、実際は日本語が超優位な社会と言える。このような「日本語社会」で留学生は必然と日本語にスイッチを入れざるを得ない。その際に日本語の運用面、たとえば流暢さや正しさへの規範を重視する教育に傾倒し過ぎると、「日本語社会」という枠を際立たせ、日本社会の中にことばの壁をつくり出してしまう危険性がある。ことばは人や社会を自分とつなげるものであると考えるならば、まずはことばによって伝え合おうとする「表現することへの希望」(牲川・細川, 2004)に立ち返ることが言語教育の基本と言えるだろう。

　言語教育は、一人ひとりの言語運用能力の向上を直接・最終の目的とするものではない。言語使用者同士がお互いを理解し、またそれによって自己を顧み、お互いの属するコミュニティや社会をより良いものにする、そこにつながる対話活動をしていくためのしくみづくりを言語教育は担っている。さらに言えば、社会がグローバル化した昨今では、物理的・心理的距離も超えた新たな社会、価値観も表れてくる。それに資する多様性に対する価値観の醸成、異なるモノに対峙する想像力を、私たちはことばを介して対話し、育てていくことができるはずなのである。言語教育は言語的知識や運用力の向上のためだけにあるわけではなく、こうした意識をゆっくりと育てていく役割も担っている。

　次に、言語教育における多様性を考えてみたい。

　言語教育の対象者、つまり主人公は誰であろうか。当然のことながら、ことばを使う本人と、本人のもつ話題やテーマに向き合ってくれる他者である。では、言語教育における多様性とは何だろうか。それは、対話のテーマだろうか、言語の種類の多様性だろうか、それとも本人のもつユニークな背景だろうか、そもそも自分のユニークさとは何だろうか……など多様性のイメージもまた多様である。

　ここでは、言語教育に欠かせない対話活動における「自己」と「他者」というキーワードで多様性を考えていきたい。自己はまさに自分のことであるが、

私たち一人ひとりは「個の文化」(細川, 2012) をもっている。細川 (2012) は、私たちはそれぞれの日常の中にある場面、状況において半ば無意識的に表現の選択を行っており、無限の選択の中にも、一人ひとりの表現選択には意味があるとする。そのことに自覚的になったときに、自分の中の文化、「個の文化」を認めることができる。言語教育のプロセスはまさに、自分が使用したことばの中に、自分を発見し「個」を見つけることにある。私たちの「個」はそもそも多様であることが前提となる。つまり、言語教育の中での多様性とは、自己の中にすでにある「個の文化」そのものである。

「個の文化」は一人ひとりにあるものだが、自己の感性、価値観をあらためて見つめてみなければ、その存在に気がつくことは難しい。さらに「個」は固定的なものではなく、常に更新される存在でもあるからつかみにくい。たとえば、山西 (2012) は、グローバル化した現代では、複数の文化を往還しながら生きている人々が増えていることから、「多様性・多層性が活発化される中にあって、個々の文化的アイデンティティの形成の過程が多様かつ流動的になっている」(p.28) と述べている。また、松尾 (2020) では、私たち「一人ひとりが異なることはきわめて自然」(p.21) であるとし、「同じ個人であっても国境を越え、あるいは、社会集団の境界を跨げば、立場が逆転することも多い」(p.23) と述べられている。このように、もともともっている私たちの「個」は常に変容する存在として動的に捉えなければならないものでもある。

よく「自分探しの旅に出る」と言うが、旅に出れば自己の感性、価値観、考え方が自然に見えてくるわけではない。「旅」というわかりやすい非日常性、つまり「外側」に身を置くことで、自分との違いが映し出され、なぜその違いがあるのか、違いに対して自分はどう感じ、考えるのかという自己との対話を通すことで自分が見えてくるのである。また、日常の中で気にもとめていなかったようなことや、得体の知れない悩みなども、ことばにしてみることで、はじめて気がつくといったように、対話を通してようやく「そうだったのか」と自分の見えなかった部分や新しい視点に気づくといった経験は誰にもあるだろう。

ただ、「私は私。あなたはあなた」と独立して捉えていると多様性は見えてこない。それぞれに違った「個の文化」を対話によってゆるやかに他者に放

ち、お互いの感性、価値観を出し合うことで、多様性が見えてくる。その中には当然、国を超えた地域性、教育システムの差も含まれるが、それはあくまで一部にすぎない。その奥にある「個の文化」を対話によって見つけ出す過程で多様性が見えてくる。さらにここでの気づきを自己につないでいくと、色とりどりの「個の文化」が育っていくのではないだろうか。大げさに言えば、無理に外側をのぞかなくとも、「自己」と「他者」の間にそれぞれの興味や関心事といったテーマがあれば、多様性にあふれた対話となる。さらに言い換えれば、それぞれの「個の文化」の多様性のために「私がいて（自己）あなたがいる（他者）」とも言える。

　これらのことをまとめると、言語活動では、わざわざ遠い場所へ自分探しの旅に出なくても、一人ひとりの中にあるテーマに向き合い、他者との対話を通すことで、「自己」「他者」を知ることができる。そして、その一人ひとりは、それぞれにユニークな存在であり、対話によってさらに個々人の視点の広がりや深まりも期待できる。ここで立ち現れたそれぞれの思考、感情こそが多様性であると捉えられる。

　ここでは、言語教育の役割に触れ、「自己」と「他者」というキーワードで

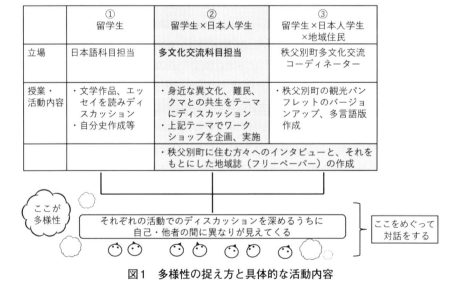

	① 留学生	② 留学生×日本人学生	③ 留学生×日本人学生 ×地域住民
立場	日本語科目担当	**多文化交流科目担当**	秩父別町多文化交流 コーディネーター
授業・ 活動内容	・文学作品、エッセイを読みディスカッション ・自分史作成等	・身近な異文化、難民、クマとの共生をテーマにディスカッション ・上記テーマでワークショップを企画、実施	・秩父別町の観光パンフレットのバージョンアップ、多言語版作成
		・秩父別町に住む方々へのインタビューと、それをもとにした地域誌（フリーペーパー）の作成	

ここが多様性

それぞれの活動でのディスカッションを深めるうちに
自己・他者の間に異なりが見えてくる

ここをめぐって対話をする

図1　多様性の捉え方と具体的な活動内容

多様性を考えた。「自己」と「他者」それぞれの属性や、育ってきた環境の背景など、外側にある多様性よりも、それぞれの内側にある「個の文化」にこそ多様性がある。内側にある多様性に気がつくことから出発してこそ、外側にある多様性に関する議論がスタートできるのではないだろうか。なお、図1は、筆者のこれまでの経験と理論的背景に関する学びから得た「多様性」の捉え方をまとめたものである。

1-2. 異文化コミュニケーションと多様性

　みなさんは、「異文化」と聞くと何をイメージするだろうか。国や地域の境による文化風習、習慣の差だろうか。言語の違いだろうか。このような境によって生じる差異は見えやすく、また認識しやすい。しかしその認識は、たとえば「○○国の人々は、△△である」といったステレオタイプに陥る危険性がある。石黒（2016）は、社会で起きるさまざまな現象はほぼ無意識的に単純化、矮小化したかたちで理解してしまうことがあると指摘している。よくある血液型や星座から性格のイメージを共通化させてしまうことも同様であろう。

　それらは自分のコンフォートゾーンを脅かさない限りは、興味深いものとして好意的に受け取り、ときには、その違いを楽しむ場合も多いだろう。しかし、それは自分を通さずにつくられたイメージであることもしばしばである。たとえば、私はフィンランドで暮らしたことはないが、メディアや芸術作品、また、フィンランドに暮らす友人の経験を通して、イメージをそれらしく語ることは可能である。誰しも、イメージで話が盛り上がった経験があるのではないだろうか。しかし、そのイメージに基づいた判断には、ステレオタイプの強固さにつながったり、一方向的なものの見方でとどまってしまったり、ときには意識的・無意識的にかかわらず排除や差別的な行動につながってしまったりする危険性も潜んでいるのである。それは多様性とはほど遠いところにあると言えるだろう。

　「私」の外側にある「異文化」や「異なる属性（民族、ジェンダー、年齢、地域性等）」を知識として理解するだけでは、「私」の多様な考えをかき回すまでには至らない。まず、それらのテーマについて自分はどう思うか、あなたはどう思うか、といったミクロレベルの対話から始めることに多様性への理解や発展

性が望めるだろう。

　自分と異なる環境、いわゆる「外国」の生活、風習、社会システムの違いに代表される異文化や、大学で留学生と接することで感じる異文化を無視することはできないが、グローバル化する現在では、そのような自分とは異なる他者の存在が、「限定的なコンテクストに依拠した無意識的な理解の発動パターン」（石黒, 2016: 33）を促し、異文化理解したという気にさせてしまうことにも注意が必要だ。さらに、その表面的な理解は、ときに、対人関係において大きなショックにつながることも想像できる。つまり、自分の勝手な理解イメージで他者を当てはめ、そのフレームで見てしまった結果、思わぬ禍根を残すこともある。ハタノ（2006）のあげた事例から考えてみよう。日本に留学していたブラジル出身の学生が、留学生寮で開かれていたパーティーで、ある日本人学生に出身国を尋ねられた。出身国はブラジルであると答えると「ずいぶん服を着ているね」と言われたという（p.67）。いったいどういう意味だろうか。この日本人学生のブラジルのイメージはカーニバルであり、それが露出度の高い服といったイメージにつながったようである。パーティーのようなにぎやかな場所をカーニバルと連想しての発言だったのだろう。この日本人学生に悪気があったわけではないと考えれば、そこを指摘するのは酷であるという見方もあるだろう。しかし、この発言は「ブラジル」というイメージの表面的な一部しか見ていないというメッセージを相手に送ってしまうことにつながるのである。何気ない発言にも、表面的な理解が埋もれているのであるから、その発言がどのような意味をあわせもつのかという点については、立ち止まってじっくり考えたいものである。

　さらにオーリ・リチャ（Ohri Richa）（オーリ, 2016）では、外国にルーツのある方を招いた異文化理解、交流の際によく行われる「国の紹介」という活動をあげ、「異文化交流の場において『○○国』を紹介することにより提供される学びは、次第に客観的な知識として受け入れられ、固定された意味の中でしか受け入れられない」（p.63）というイメージがつくられてしまうと指摘している。このようなフレームが、マスメディアや一部の経験者の感覚によりつくられ、共有されるような異文化のあり方では、多様性の理解にはほど遠いだろう。私たちは、多様性の理解、異文化的な差異の理解における視点を少しずらして捉

え直すところに立っているのではないだろうか。

　そこで石黒（2016）は、「コンテクスト間の移動（Context Shifting: CS）」という考え方を提示した。これは、目の前にある現象を単純化した状態から、他のコンテクスト、つまり自分とは異なる状況、立場、考え方などに身を置き、その現象を捉え直すという考え方である。ここでの多様性とは、コンテクスト（社会的文脈）であろう。CSのフレームワークを整理したものが表1と図2である。

　このフレームワークを頼りに、さまざまな「異」に対するテーマが、どこに位置するか、どこにつながりがあるかを確認できる。CSでは、その位置をず

表1　CSのフレームワーク

1) マクロ・コンテクスト（2）	・地理的配置（地球、大陸、国、市、町等） ・属性による配置（国籍、人種、ジェンダー等）
2) マクロ・コンテクスト（1）	・グローバルトピック 　（感染症、環境問題、テロリズム、国際援助等） ・形而上学的トピック 　（倫理、超自然、自由、新自由主義等）
3) メゾ・コンテクスト	・組織タイプ（政府、企業、非政府組織、学校） ・管理グループ（管理者、エンジニア、教員等）
4) ミクロ・コンテクスト	・コミュニケーションにおける特定の状況 　（話し手、聞き手、時間、場所、場面、人間関係等）

出所：石黒（2016: 37-38）をもとに作成。

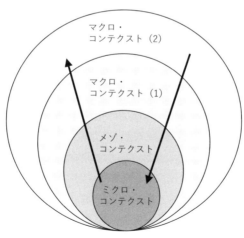

図2　CSのフレームワーク

出所：石黒（2016: 38）をもとに作成。

らすことによって、新たな視点を得、画一的な理解から広がりを得ることが期待できる。

　このように外側にある多様性を自分の中に引き込むときにCSの考え方を利用することで、固定化されたステレオタイプに陥ることを防ぎ、自らの視点を多様にするきっかけが生まれる。つまり、異文化コミュニケーションにおける多様性とは、外側にある異文化のイメージを知識として増やすことではない。自分はどう考えるか、他の人はどうか、といった視点で見えてくるものにこそ多様性があると考える。「○○国の人は△△だ」といったステレオタイプのイメージについて、歴史・文化・教育的背景により似た部分があるという認識の傾向や感情は否定しないが、それこそが「異なり」や「多様性」の本質であると理解し、思考を止めてはならない。むしろ、なぜそう思うのか、そのイメージにより私たちはどんな判断をしてしまうのか、その発言が相手にどのようなメッセージとして伝わるのかなど、対話によってお互いの考えや感覚を出し合うことが必要であろう。そして、CSの考え方を活用し、対話を深くすることによって得られたものにこそ多様性の価値が出てくるはずである。

2．授業実践「多文化共生入門ゼミ」

　これまで、言語教育、異文化コミュニケーションにおける筆者の多様性の捉え方について述べてきた。

　これまで述べてきたことの繰り返しになるが、多様性とはそもそも「個の文化」に現れるように、誰もがもっているものである。しかし、コミュニケーションや作業・仕事の効率性を求める中で、私たちはその存在を認めつつも、そこにはあえて目を向けない日常に慣れてしまっているのかもしれない。言語教育では、多様な「個の文化」を対話の基本的な材料と捉え、自己・他者・社会の理解につなげていく。つまり、言語教育は多様性を意識化させ、深めていくためのアプローチの一つとして捉えることができるのである。本節では、筆者の授業実践である「多文化共生入門ゼミ」において、言語教育と異文化理解という二つの分野から考えた多様性をどのように扱い、活かしていったのかについて考えていく。

2−1．授業概要

　本授業の目的は、「多文化共生」を多様な視点で考え、「共生」に必要な視点についてチームで答えを出すことである。到達目標は、履修者が、①「多文化」「共生」をさまざまな視点から理解することができる、②考えや疑問について、自分のことばで表すことができる、③共通の目標（共生に必要な視点とは何か）に達することができる、の3点である。

　授業の大まかなスケジュールと内容については、以下のとおりである。全体は大きく四つに分けられるが、第1部〜第3部では、筆者の用意した三つのテーマについて学び、学生同士がディスカッションを通して個の考えを深めていく。そして第4部では、それまでの三つのテーマから興味のあるものを選び、同じ興味をもつ者同士でグループをつくり、テーマについてまとめるとともに、自分たちの考えを他者と共有するワークショップの機会を設けている。第1部〜第3部をインプットの場とすれば、第4部はアウトプットの場である。アウトプットする場によってテーマに対する自分の考えをより具体的なことばで語れるようにすることを目的としている。

　第1部「多文化と共に生きるために」では、いわゆる国や地域を境とした異なる文化・言語・風習のもとに生きてきた他者との違いに焦点を当て、違いに対する個人の認識とその理由を深く考える。国や地域を境とした差異をどう捉えるかについて、先に述べたように、個人個人の考えを他者に開き対話することによって、「個の文化」の気づきを促し、育てていく。

　第2部「難民と共に生きるために」では、境や異により発生した衝突や紛争に巻き込まれた人々に寄り添い、それぞれの立場からどのようなかかわり方ができるかを考える。難民問題はグローバル化した世界が解決しなければならない大きな問題ではあるが、北海道の文脈では自分とは遠い存在であるという学生が少なくない。それをいかに自分事として捉えることができるかを目標に、個人の関心や経験から共通性を探ることで、その入り口を用意できればと考えている。この問題は先述のCSのフレームで見ると、マクロ・コンテクストのレベルだが、メゾおよびミクロのレベルに落とし込み、考えることは十分にできるはずである。また、グローバル化によるヒトやモノの移動の活発化は人々

が望んだ結果であることに対し、この問題では望まない移動を強いられている／強いている人々に注目する。私たちはこの「望まない移動」という経験をどう受け止めるのかをめぐって考えを深めていくことも目的としている。

　第3部「動物と共に生きるために」では、ニンゲンとドウブツという括りのもとに、社会的基盤の異なる者同士で、その存在をどのように認識しているかを知り、双方が安全に生命維持をしていくための共生、互いがより良く安全に平和的に良い関係を築くアイディアをゲストスピーカーの講義をもとに考えていく。動物との共生は、CSのフレームの対象外になるが、ここでは動物側のCSを想定し、その中に身を置いて考えることも可能であると解釈している。北海道の文脈では、特に近年、住宅街にヒグマが出没し人間が負傷したり、ヒグマが殺処分されたりする事件が起こっている。「殺処分」ということばが物語るように、これは、人間側から見た共生にすぎない。第3部では、ニンゲンの枠外に身を置き、ニンゲンとドウブツの差異を多様な視点で考えることを目的としている。

　そして、最後の第4部では、ワークショップを開催する。第1部から第3部までの内容で、興味のあるものを一つ選び、1グループ2名から4名のグループになり、学びを踏まえ他者と共有するためにワークショップを開く。ワークショップ後、あらためてグループで選んだテーマにおける「共生」についての答えを出す。

　このワークショップは、アイディア出しから実践までのすべての過程が、多様な自己と他者の対話によりつくられる。ワークショップとしての精度は、残念ながら時間と授業の目的上、こだわることができないが、その成果よりも対話のプロセスを体感してもらうことに重きを置いている。

　ワークショップの実施は、現在、オンラインと対面のハイブリッドで行っている。オンラインは、受講者以外の人たちにも幅広く参加してもらえることに利点がある。ワークショップでは、テーマについての内容理解を伝えるだけではなく、ディスカッションポイントを設定し、参加者と意見交換をしてもらう。つまり、インプット的な学びをグループメンバーで再解釈し、誰かに伝えるという負荷をかける。さらに、はじめてこのテーマに触れる人にどのように伝えるか、また、自分の発言が相手にどのように伝わっているかなどに留意しながら実践することは、ふだん自分が使っていることばについて振り返ると

いった副次的な学びにもつながっている。

　ワークショップ終了後は、参加者の意見から自分たちの考えを問い直し、個人として、チームとして、テーマに対する「共生」への期待や、このコンセプトを考えるうえで大事な視点をことばにしてもらう。

　個人がもっている多様性を、グループメンバーとの対話、ワークショップでの対話によってかき回すことで、ようやくテーマに対する自分の考えが見えてくる。また、「外側」にある知識で私たちは理解が止まり、判断してしまっていることにも気がつくことができる。

　三つのテーマをより深い学習とするために、必要に応じて専門家の方々に

資料1　ワークショップ広報のチラシ 2021年度春学期

協力を得ていることも、本授業の特徴である。第2部では、国連UNHCR協会の方、第3部では野生動物の保護や共生の活動をする個人・団体の方を招き、テーマにおける諸問題の理解や、共生を探るポイントについてディスカッションしている。外部の専門家を招くのは、そのテーマに関する知識の提供という理由に加え、学生の学びを外の社会とつなげて考えるために行っている側面もある。さらに、ワークショップでは専門家や、授業外にも参加者を求めている。これは、はじめに述べた筆者の三つ目の立場、秩父別町という地域、自治体での活動の考え方に起因する。秩父別町での活動において筆者は、町に留学生を呼び、地元住民と一緒に町の課題に沿ったプロジェクト型の交流を行っている。大学外の人々、特に年齢差のある人々との交流では参加者それぞれにいろいろな気づきが起こる。そのため、この授業でも、大学内で完結する学びではなく、教室の学びを社会とつなげることを意図的に取り入れている。また、大学の外側にいる専門家を呼ぶことは、各専門家にとっても、学生の考えを知り、自分の専門に還すことで、その分野をより多様な視点で捉えることにつながる。つまり、この授業は社会実践としても機能しているといえる[1]。

2-2. 「わかりやすい他者」から「わかりにくい他者」へ

　本授業における「多様性」とは、最初に指摘したように「自己」も「他者」も一人ひとりが違う思考をもつ「異なる他者」同士である、という個に起因する多様性を前提にしたものである。多文化交流科目の履修者である留学生と日本人学生というカテゴリーからは、国や地域を境とした「異文化」の混ざり合いがイメージできるだろう。これは、CSフレームワークにおけるメゾ・コンテクストでの多様性を表している。だからこそ、CSの視点をもち、ミクロ・コンテクストでの理解も必要なのである。他者同士の表面的な文化背景等の違いでは、ステレオタイプが強化されてしまったり、異なることによる発見がその場限りの知識にとどまってしまったりするおそれがある。また、留学生と日本人学生という境界が良くも悪くも際立つために、「同国人同士は同じ感覚だ」という錯覚も生まれやすい。確かに、教育の制度や方法、環境により、同じような感覚でものごとを捉えるといった側面もあるだろう。しかし、いくら似たような環境で育ってきた同国人であっても、実はまったく異なる個人である。

便宜上・慣習上の共通性に安心感や居心地の良さを覚える反面、それが多様性を見えにくくしてしまっている。

　そのため、このクラスは留学生と日本人、海外と日本、ニンゲンとクマなど、「わかりやすい他者」から、テーマをめぐる対話で出てきた「私とあなた」の差異に向かう「わかりにくい他者」との学び合いとなるよう働きかけを行ってきた。このクラスにおける「わかりやすい他者」は2点ある。1点目は「留学生と日本人学生」という属性、つまり出身地、言語、ときには外見といったその人自身の外側にあるカテゴリー化された特徴をもつ他者のことである。厳密に言うと、それらの特徴は、何らかのイメージや意味づけから恣意的に捉えられた、きわめて表面的な特徴であることにも留意したい。2点目は、筆者が授業で扱うテーマも「わかりやすい他者」としている点である。それは、いわゆる「異文化」「難民問題」「野生動物（クマ）」など、属性により浮かび上がった「異」である。つまり、表面的な属性の差をテーマとするものを「わかりやすい他者」としている。

　一方、「わかりにくい他者」とは、先ほどとは反対に、一見属性が同じと思われる人々である。いわゆる、日本人同士、タイ人同士、道民同士などである。また、同じ学部、サークル、友だち同士など、仲間意識や、共通する（と思われる）価値観のある人同士、またそれによって安心感や居心地の良さを覚えたりする人やテーマを指す。

　「わかりにくい他者」がなぜわかりにくいのか。それは、他者（自己）が多様な考えをもつ個人だからである。共感を得にくい話や、わかってもらえなさそうな話をするのは、誰でも抵抗がある。実際、ある学生は自分の発言により空気がおかしくなったことを振り返り、自分の知識のなさや想像力の不足を恥じていた。さらには、筆者の授業の意図と反するようなことを言ってしまったと詫びる学生までいた。そうしたときには、「なぜそのように考えるか」を丁寧に表現し、ゆったりと構え、対話していくことが肝要であり、それこそが「多文化共生」のクラスの意義であることを伝えている。

　一方で、同国人であるというカテゴリーの認識が、差異、多様性に気づくことを阻んでしまう例もあった。ある学生はグループに留学生がいなかったときのことを「留学生がいなかったから、意見の衝突もなく、新しい視点は生ま

れなかった」と振り返った。留学生がいることで外側にある差異がはっきりし「わかりやすい他者」が生まれる。そこから「わかりにくい他者」への移動は、あまり起こらなかったというわけだ。一人ひとりに多様性があるという前提を示しても、学生との認識にはいまだにズレがある。そのため、学生たちの対話から、内側（「個の文化」）へのフォーカスを促す仕掛けがより必要であろう。多様性というキーワードにかかわる外側のイメージをそのままに理解するのではなく、目の前にいる相手とテーマをめぐり対話を続けることで多様な「個の文化」がつくられていく。「これが多様性だ」と知識で理解するのではなく、対話で生じる手応えや、うまくいかなさなどを通して見えてきたものを振り返ったときに、一人ひとりの多様な価値に気づいていくような授業の仕掛けを考えていく必要があるだろう。

おわりに――この実践の先にあるもの

なぜ、多様性が求められるのか。一つはグローバル化により社会の様相が変わってきたことがあるが、生物多様性などのことばに見られるように、多様性にあふれた社会は、より豊かな選択がある社会形成につながるからであろう。岩渕（2021）は、その豊かさは「多様な人材の活用が革新的な創造性を高めるからというよりは、誰もが働きやすく生きやすくなるから」（p.31）と述べている。「多様性」の理解や意識化においては、まだ見えぬ新たな価値観の創出に大きな期待を寄せてしまいがちだが、実は足元に立ち返って考えてみることが重要である。

余談になるが、筆者が自治体で行っている国際交流・多文化共生にかかわる事業で、よく住民に「外国人が好きなの？」と聞かれることがある。また役場関係者からも「今、外国人がほとんどいない町で多文化共生は遠い」と言われ、理解がなかなか進まないこともあった。そんななか、自治体の管理職にあたるある人物から、「外国人との交流を通して、実はこの町に住む人同士も違いがあることに気づかせたいんだよね」と言われ、理解者がいたことに嬉しさを覚えたことがある。多様性を意識することは、多様な住民が暮らしやすく、育ちやすく、生きやすい社会（コミュニティ）を自分事としてつくっていくことにつながる。

　ただ、私たちは社会のためだけに生きているわけではない。多様性は自己形成にも大きくかかわるものである。たとえば「みんなちがって、みんないい」（金子みすゞ）ということばは力強い。しかし、ここでとどまっていては自己と他者は交わらない。「わかりやすい他者」「わかりにくい他者」との差異が他人事のまま通り過ぎてしまうと、変容は起きないのである。変容のプロセスには自己の揺らぎが必要である。否が応でも自己が際立ち、自分事として対峙せざるを得ない状況になってはじめて、その変容は自己形成につながっていくのである。

　「わかりやすい他者」も「わかりにくい他者」も、一度自己に内包することで、ようやく「私とあなたの間の多様性」に気づく可能性を生じさせる。そしてまた、対話や合意形成の中に時折現れる「やりにくさ」「もやもや」「苛立ち」「あきらめ」こそが、多様性の根っこにあると気づくのも重要であろう。この「やりにくさ」は、自分の考えや方法と異なるからこそ感じるものだ。しかし、視点をずらしたり、コミュニケーションの工夫をしたりとあきらめずに対話を続けると、思わぬ展開が待っていたりする。そのような経験が一人ひとりの内なる「多様性」への気づきになることを期待したい。そして、多様性の狭間にある差異から生じる問題を自分事として捉えられるよう、今後も学生とともに考えていきたい。

🧠 考えてみよう

1. 対話と会話の違いは何だろうか。対話を進めるための条件は何だろう。これまでの経験を思い起こしながら考えてみよう。
2. これまでの経験で、ステレオタイプを感じたことはあるだろうか。それはどんなことだろう。エピソードを話してみよう。そして、ステレオタイプとなる背景や理由を考えてみよう。
3. 「多様性」と「個の文化」の関係についてあなたはどう考えたか。また、多様な考え方、背景をもった人たちとの社会は、あなたにとって生きやすい社会となり得るだろうか。考えてみよう。

📖 ブックリスト

1. 池田理知子（編）(2019)『グローバル社会における異文化コミュニケーション──身近な「異」から考える』三修社
2. 梅沢秋久・苫野一徳 (2020)『真正の「共生体育」をつくる』大修館書店
3. 倉八順子 (2016)『対話で育む多文化共生入門──ちがいを楽しみ、ともに生きる社会をめざして』明石書店
4. 細川英雄 (2021)『自分の〈ことば〉をつくる──あなたにしか語れないことを表現する技術』ディスカバー携書
5. 「外国につながる子どもたちの物語」編集委員会（編）(2021)『まんが クラスメイトは外国人 入門編──はじめて学ぶ多文化共生』明石書店

注記

1　ゲストスピーカーは、山下芳香氏（国連UNHCR協会北海道エリアマネージャー）と野田奈未氏（元・猟友会森支部）。

引用文献

・石黒武人 (2016)「現象の多面的理解を支援する『コンテクスト間の移動』に関する一試論──グローバル市民性の醸成に向けて」『順天堂グローバル教養論集』第1巻, pp.32-43
・岩渕功一（編）(2021)『多様性との対話──ダイバーシティ推進が見えなくするもの』三松堂
・オーリ・リチャ (2016)「『○○国』を紹介するという表象行為──そこにある『常識』を問う」『言語文化教育研究』14, pp.55-67
・式部絢子 (2019)「地域における留学生交流事業の成果を町作りにつなげる試み──秩父別町の取り組みから」『留学生・日本人学生の共修教育における大学と地域の連携』北海道大学高等教育推進機構国際教育研究部, pp.43-53
・牲川波都季・細川英雄 (2004)『わたしを語ることばを求めて──表現することへの希望』三省堂
・リリアン・テルミ・ハタノ (2006)「在日ブラジル人を取り巻く『多文化共生』の諸問題」『「共生」の内実──批判的社会言語学からの問いかけ』三元社, pp.55-80

・細川英雄（2012）『「ことばの市民」になる――言語文化教育学の思想と実践』ココ出版
・松尾知明（2020）『「移民時代」の多文化共生論――想像力・創造力を育む14のレッスン』
　明石書店
・山西優二（2012）「多文化共生に向けての地域日本語教育のあり様と多文化社会コーディ
　ネーターの役割――「文化力」形成の視点から」『シリーズ多言語・多文化協働実践研究』
　15．東京外国語大学多言語・多文化教育研究センター，pp.26-38

第8章

これからの日本語教育・教師教育における多様性を考える

小河原義朗

みなさんは日本語を母語としない人と日本語でやりとりをしたことがありますか。そのような外国につながる人々とともに助け合いながら暮らすこれからの社会ではどのようなコミュニケーションが求められるのでしょうか。日本語を教えたり、日本語学習を支援したりするにはどのようなことが必要になるのでしょうか。本章で考えてみましょう。

🔑 キーワード

多文化共生　接触場面　日本語の調節　熟達化　対話

はじめに

　日本国内において外国からの人々が増えていることは周知の事実である。その数は年々増え続けており、コロナ禍の影響による減少はあるものの、法務省によれば2021年末の在留外国人数は約276万人で全人口の約2％となっている。集住か散在かという地域による違いはあるが、日本に住んでいる人のおよそ50人に1人は外国人ということになる。増加の背景には、グローバル化があげられるが、喫緊の社会問題である少子高齢化により、労働力人口を外国人材に頼らざるを得ない状況も大きな要因になっている。そのため、2018年12月には「出入国管理及び難民認定法」の改正が行われ、日本の外国人受け入れ政策は抑制から推進へと大きく舵を切ることとなった。日本はすでに日本人と外国人がお互いに認め合い、社会の一員としてともに生きていく共生社会に向けて動き出している。

　このような背景から、外国人材を適正に受け入れ、多文化共生社会の実現を図ることにより、日本人と外国人が安心して安全に暮らせる社会の実現に寄与するため、2019年6月28日に「日本語教育の推進に関する法律（令和元年法律第48号）」、通称「日本語教育推進法」が公布・施行された。国や地方自治体に日本語教育を進める責務があると明記し、外国人が日本社会で暮らしやすくするために日本語教育を受ける機会を最大限に確保することを基本理念に掲げている。この基本理念を実現するために、昨今、外国人受け入れにあたり必須となる日本語教育、および日本語教育に携わる日本語教師を制度的に位置づけようとする動きが活発になり、生活者としての外国人に対する日本語教育の推進、日本語教育の人材養成および現職者研修カリキュラムの開発・活用事業などの施策が次々に進められ、文化庁を中心に日本語教師の資格、日本語学習・教授・評価のための枠組みとなる「日本語教育の参照枠」、日本語教育人材の養成・研修のあり方などが検討されている。

　在留外国人と言っても、在留資格別に見ると以下のようにさまざまである。

　　永住者30.1％、特別永住者10.7％、技能実習10.0％、技術・人文知識・国

際業務10.0％、留学7.5％、定住者7.2％、家族滞在7.0％、日本人の配偶者等5.1％、特定活動4.5％、特定技能1.8％、その他6.1％（法務省, 2022 HP）

「留学」は7.5％となっているように、日本語教育の対象は、大学のキャンパスで専門の勉強をするために日本語を勉強している、あるいは日本語学校で日本語を学んでいる留学生だけではない。日本でさまざまな分野の現場で働いている就労者、そういった人々の家族である配偶者や子どもたち、そして現在あるいは今後も日本で生活を続けていく永住者、さらには在留外国人数に現れない移民的背景をもつ人々など、日本国内だけでも多様な人がいる。このような人々が日本で十全に暮らしていくうえでは、日本語によるコミュニケーションが不可欠であり、そのためには日本語教育が重要な役割を担う。しかし、日本語教育と言っても、このように対象となる学習者の出身国・地域による言語・文化、生活習慣、社会制度、価値観、来日理由・経緯、年齢、将来設計、家庭生活環境といった背景や状況はさまざまであることから、その多様性に応じて最適な日本語学習を柔軟にデザインすることができる専門性をもった日本語教師が必要になる。このように、これからの日本における共生社会に向けて、日本語教育、そしてそれを担う日本語教師の養成、研修が重要になる。

　日本語教育を取り巻くグローバル化という社会情勢の変化は、国内の高等教育機関にも影響を与え、グローバル化を推進するさまざまな教育施策が進められてきた。大学においても、海外の大学と交流協定を結び、日本人学生の海外留学や外国からの留学生の受け入れなど、異文化コミュニケーションや異文化接触を伴う教育プログラムや活動、学習機会を整備してきた。しかし、キャンパスの内なる国際化を目指したにもかかわらず、日本人学生の海外留学志向の減少や、英語のみによる学位取得プログラム、1週間程度の超短期プログラムといった留学生数を過剰に意識した留学生の受け入れなどから、学内での日本人学生と留学生との接触すら十分に進まない現状が指摘されていた。そこで、北海道大学国際本部留学生センター（当時）では2013年度に留学生と日本人学生がともに日本語で学ぶ問題解決型・プロジェクト型の授業群である「多文化交流科目」、いわゆる「国際共修」科目を開発し、学内で授業提供を開始した（青

木・小河原, 2014)。この共修科目は、近年、上記のような背景から留学生の多様性を資源に日本人学生との交流を柱として種々の授業が多くの大学で開発・提供され、異文化交流や理解、協働の促進、それらを通した参加者の態度変容や自己成長など、さまざまな意義や効果が報告されている（坂本ほか, 2017など）。

　以上のような背景から、本章では筆者が多文化交流科目の開発にかかわり、現在大学で日本語教員養成に携わっていることを踏まえ、多文化共生に向けて社会的な要請の高まっている日本語教育とその教師教育において、多様性とその意義についてあらためて考える。

1. 日本語教育における多様性

1-1. 日本人のための日本語教育

　「日本語教育」と言うと、教室の中で日本人の教師が教壇に立ち、対面で座っている外国人学習者に対し、一斉に教科書を使って日本語を教えているイメージがあるかもしれない。しかし、日本で日中働いている就労者、その子どもたち、子育てをしている母親などの多様性を考えれば、一律にそれぞれの対象者に対して同じ学習環境と目標設定、教科書、方法で日本語教育を進めることは難しい。日本語教育推進法に明示されたように、多様な文化を尊重した活力ある共生社会の実現を目指した日本語教育が求められている。

　多文化共生とは「国籍や民族などの異なる人々が、互いの文化的ちがいを認め合い、対等な関係を築こうとしながら、地域社会の構成員として共に生きていくこと」（総務省, 2006 HP: 5）と捉えると、日本語教育において「教師―学習者」という関係、つまり常に日本語ができる教師が日本語ができない学習者に日本語を教えてあげるという固定的な関係、外国人が常に弱者で支援が必要な存在であり、一方的に学ぶ側の立場であり続けるのではうまくいかない。必ずしもネイティブと同じ外国語能力でなくともコミュニケーションが可能なように、学習者が日本人と同じ日本語を話せるようになるまで何もできないのではなく、片言の日本語でも意思疎通は可能であり、場面や状況、文脈や非言語、お互いの共通言語を交えながら伝え合うことはできる。そもそも「日本人と同じ日本語」とは何なのか、これまで暗黙の了解として学習目標とされてきた日

本語ネイティブの実態自体も実は曖昧なものである。異なる言語使用者が少なくとも対等であるためには、同じ社会の一員として尊重し合い、お互いがお互いのもち得る手段を駆使して伝え合い、理解を深めることが必要である。それによってもっているものを出し合って問題を解決し、社会にとって共通の利益になるような新たなアイディアをともに生み出していくことができ、またその過程を通じてともに学び合うことが可能になる。

　このように考えた場合、一方的に教師が日本語を教えるという日本語教育の展開や捉え方が変わってくる。外国人が社会の一員として溶け込むためには日本語が必要であるのと同時に、受け入れ側の日本人の変化と協力が必要である。多文化共生に向けて外国人の日本語を受け入れる側も日本語によるコミュニケーションのあり方を捉え直し、どのように日本語を母語としない者と日本語でコミュニケーションをすればいいのかを学ぶ必要がある。つまり、日本語教育は日本語非母語話者だけでなく、日本語母語話者にとっても必要になる。このような捉え方はこれまでも、そして現在においても議論されているが（野田, 2014, 義永, 2020など）、まずはお互いを理解しようとする姿勢や機会が必要である。「外国人だから」「日本語ができないから」「英語ができないから」という偏った理由で接点をもたないようでは、相互の間にいつしか見えない壁ができ、知らず知らずのうちに思い込みやステレオタイプ、偏見、さらには差別につながってしまう可能性もある。お互いがお互いを知るための接点やコミュニケーション、ともに安心して問題解決に向かう対話の機会を生み出すこと、そのようにお互いが志向し学び合う仕掛けをいかにつくるかが重要になる。

1-2. 日本人と外国人の接触

　日本人はそもそもどれくらい外国人と接触しているのか、本章では主に大学生を取り上げて考えてみる。約20年前に、ある大学の講義で日本社会に外国人が増えていること、さまざまな場面で日本語によるコミュニケーションが起きていることを振り返るために、あるビデオを視聴してもらった。その中に、日本に住んでいて、母語が異なる二人の外国人が道に迷ってしまい、日本語で話し合う場面がある。視聴後にある学生がこの場面を取り上げて、「なぜ外国人同士なのに日本語で話しているんですか」と質問してきた。この当時は、ま

だ国内で日本語を共通言語として使わなければコミュニケーションができない
外国人同士の会話に違和感を覚える学生が少なからずいたのである。その後、
毎年同じビデオを見せる機会をもってきたが、最近ではそういった学生はほと
んどおらず、国際結婚の家庭、外国にルーツをもつ子どもたちのいる学校、レ
ストランやコンビニでの接客など、日常生活において外国人との接触場面は見
慣れた光景になってきている。

　「はじめに」で述べたように地域による差はあれ、身の周りに外国人が増え
れば、接触場面に遭遇することが増え、そのような光景が見慣れたものになる
ということは考えられる。しかし、ただ見慣れるだけで会話の当事者として日
常的に実際のコミュニケーションに参加しているとは限らない。この日本社会
における日本人との日本語によるコミュニケーションについて、外国人側から
日本語で話しているにもかかわらず、以下のような外国人の声が、投書などい
ろいろなところからいまだに聞こえてくる。

・「私、英語ができません」と言って避けられる
・挨拶程度しか話していないのにすぐに「日本語が上手ですね」と褒められる
・英語で返事を返される
・自分に対してではなく私と一緒にいる日本人に向かって話される

　これについて木村（2019）は「グローバル化＝英語」「日本語＝日本人」と
いう思い込みが背後にあり、それがかえって外国出身者を疎外してしまうと指
摘し、さらに以下のような学生のコメントを紹介している。

　「残念なのは、ある程度日本語が話せる留学生なのに、（・・・）日本人学生
と英語で話していることだ。一度ある留学生に、なぜ日本人学生と日本語で
話さないのかと聞いたことがある。彼は「少しでも日本人と日本語で話す
と、まるっきり日本語が話せると思われ、難しい単語や長い文章で話されて
しまう。わからない単語や意味があると言って会話を止めると、英語で話し
てくる。そういうことなら、初めから英語を選択したほうがいい」のような
ことを言っていた」（p.56）

　約30年前に日本人に学習者の発話を聞かせてどのように評価するか調査をしたことがある（小河原, 2001など）。ある架空の日本語によるメッセージを作成し、数人の外国人に発話してもらい録音したものであるが、外国人が話す日本語の発音上の特徴から意味が曖昧に聞こえるようなメッセージにしてある。聞かせた後にどう思うか聞いたところ、多くの日本人は「意味もわかるし、日本語が上手だ」と日本語力を褒めていた。しかし、その日本人が理解した意味を確認したうえで、実は誤解していることを告げると先ほどの評価が下がり、比較的流暢に聞こえていた発話ほど、「信用できない」とその評価の下がり方の程度は大きかった。つまり、もともと日本語レベルが低ければ片言でも「日本語が上手だ」と評価する一方で、日本語レベルが高くなればなるほど「意味が伝わらない」要因として言語的正確さに対する評価が厳しくなる傾向があるだけでなく、「だからダメだ」と決めつけたり、日本語能力以外の面にまで否定的な言及が見られたりするものもあった。

　ある程度日本語ができると日本語母語話者と同じように意思疎通ができると判断してしまう傾向はいまだにあるようである。日本人にとって外国人とのコミュニケーションは英語か日本語、日本語の場合でもネイティブレベルでないとうまく対応ができない。これは、外国人が増え、接触場面も増えているとはいえ、お互いの経験や価値観、相手の置かれた文脈を共有し合うような対話、実質的なやりとりを伴ったコミュニケーション自体が必ずしも広がっていないからかもしれない。そのため、どうすれば外国人と日本語でコミュニケーションすればいいのかがわからず、相手の日本語を受け入れ、相手に応じて日本語を調節しながらやりとりすることにも慣れていない可能性がある。

1-3.　相手に対する配慮と日本語の調節

　日本語の調節というと「やさしい日本語」が注目されている。「やさしい日本語」とは、外国人にも簡単でわかりやすく調節して話す、あるいは書く日本語のことで、1995年の阪神淡路大震災を契機に、被災した多くの外国人が避難や復旧、支援に関する必要な情報を得るのが困難だったという問題を解決するために「日本語に不慣れな人々にも、必要最小限の情報を提供しよう」（佐

藤, 1996: 99）と考案された。外国人に対する情報提供になぜ日本語なのかと思うかもしれないが、災害という緊急時にすべての言語に対応するのは現実的ではない。災害という緊急時に重要な情報をまずは簡単な日本語でも伝達することは重要であり、実際にそのようなニーズがあったのである。人権教育啓発推進センターが2016年度に在住外国人4252人（回収率23.0％）を対象に行った調査では、「あなたは日本語でどの程度会話ができますか」という質問に対して以下のような結果になっている。

日本人と同程度に会話ができる	1236人（29.1％）
仕事や学業に差し支えない程度に会話できる	995人（23.4％）
日常生活に困らない程度に会話できる	1261人（29.7％）
日本語での会話はほとんどできない	441人（10.4％）
その他	108人（2.5％）
無回答・不明	211人（5.0％）

出所：人権教育啓発推進センター（2017: 14）。

　8割以上の人が日本語である程度の会話ができる、つまり日本語がコミュニケーションをするためのツールになっていることがわかる。外国人に対する情報提供において、多言語化は理想であり、災害などの緊急時においては不可欠である。しかし、すべての言語に対応した完全な多言語化は限界がある。もちろんやさしい日本語がそのすべてを解決するとは限らないが、情報提供の選択肢の一つになることから、やさしい日本語が果たす役割は大きい。このようにやさしい日本語は被災時のような特別事態においてだけでなく、近年ではニュース、自治体や教育機関のお知らせ・広報、観光、医療などの場面においても応用されている。そして、そういった関係する学校や自治体職員だけでなく一般の日本人住民の間でも研修等を通じて広がっており、やさしい日本語とは何か、日本語を母語としない外国人だけでなく、高齢者、目や耳の不自由な人々も含めた議論も始まっている（野田, 2014, 庵ほか, 2019など）。
　このようにやさしい日本語はさまざまな応用や展開を見せており、外国人をはじめとする日本語を母語としない人々とのコミュニケーションにおいて日本

語母語話者による日本語の調節の必要性が指摘できる。では、どのようにしたらそのような調節ができるようになるのだろうか。ただ接触が起きればできるようになるわけではない。やさしい日本語の研修に取り組んでいる栁田（2019）は、外国人との日本語によるコミュニケーションのポイントとして、書き言葉の書き換えでは、「短文・単文にする」「やさしいことば・文法に変換する」などをあげ、話し言葉では「やさしい話し方」として、①文を短く、終わりを明確にする、②理解しているかどうか確認する、③やさしい言葉に言い換える、「やさしい聴き方」としては、①あいづちをたくさん打つ、②相手の話を理解したことをはっきり示す、③繰り返し、確認する、④相手が困っていたら、積極的に助ける、をあげている。

　さらに、そのようにして日本人が調節して話す「やさしい日本語」に対して外国人が実際にどのように理解しているのか、口頭での対面コミュニケーションについて調査をした結果、外国人は日本人が会話に積極的に誠実に参加しているか、会話相手の外国人に合わせた説明が行われているかどうかという観点を重視する傾向がある。つまり、必ずしもやさしい日本語が言語的調整という技術的な側面にとどまらないこと、そして一律に言語的調整を行うのではなく、会話の相手に寄り添った対応が必要であると述べている（栁田, 2020など）。

　このように、どのような相手が何を求めているのかに応じて、日本語をどのように言語的に操作すればいいのか、相手の外国人に配慮して日本人が日本語を調節することができれば、接触場面における対話による相互作用が促進される可能性がある。

1-4.　日本語を調節する場としての多文化交流科目

　翻って多文化交流科目は、留学生と日本人学生とがともに、原則として日本語で学ぶ、問題解決型・プロジェクト型の授業群である。原則として日本語ということから、英語に少なからず苦手意識がある日本人学生にとって、英語使用によるストレスもなく日本語で留学生と授業を受けることができ、かつ、言葉のみに頼らないコミュニケーションを学んだり、交流を楽しんだりする機会は有効である。実際に多文化交流科目を受講して「授業内外で留学生と交流ができて楽しい」「留学生の日本語レベルの高さに驚いた」「留学する意欲が高

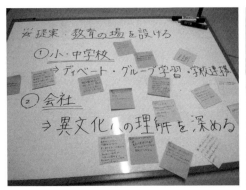

図1　ホワイトボード上での議論の整理

まった」といった日本人学生からの声も聞かれる。多文化交流科目は、これまであまり外国人や留学生と接する機会をもたなかった、あるいはもとうとしなかった日本人学生に日本語によるコミュニケーションの機会を与える入り口の役割を担っている。

　このように日本語を母語としない留学生と日本語によるコミュニケーションの機会が保障されているだけでなく、問題解決型・プロジェクト型であることから、日本人学生と留学生が協働で何らかのトピックについて課題解決に取り組む。授業では、両者がグループで課題設定を行い、その解決策について話し合い、実践し、その結果を発表するといった一連の活動形態が多く行われる。この間クラスでは、ホワイトボードで議論を整理する（図1）、インターネットなどのツールを使って調べる、実際に現場を訪れて情報収集、交渉、実践した結果をもとにディスカッションしてレポートにまとめる、プレゼンテーションして評価するなどの活動が繰り返し頻繁に行われる。このような活動を経ると、参加した日本人学生から「相手のことを考える」「自分の日本語や考え方を意識する」といったコメントが多く見られる。

　このように多様な背景や日本語レベルの留学生と日本語でコミュニケーションすることを通して、コミュニケーションがうまくいかない、意図が伝わらない、わかり合えないといったことが起こり、その問題を解決するために両者の間で意味交渉が頻繁に起こる。相手がどのような人でどのような情報を得たい

のかに応じて、一つひとつの単語や文の表現のレベルだけでなく、どのように情報を提供するか、最も伝えるべき部分はどこかを考え、文章や談話の構造自体を変える。相手が何を伝えたいのかを真剣に聞こうとし、何ができて何ができないのかを理解しようとする。考え方の違いから自分の考え方やステレオタイプ、信念などについての気づきや捉え直しも起こる。1回の授業だけでなく学期全体を通してディスカッションや発表という多様な活動を、ホワイトボードやICT（情報通信技術）という多様な媒体を適切に配置しデザインすることによって、話し言葉と書き言葉の両面から日本人学生が自分の使っている日本語やコミュニケーションの仕方を相手に合わせて調節する必要に迫られる。そのような調節を繰り返すことによって相手に配慮することの必要性に気づくと同時に、なぜ配慮するのか、配慮するとはどういうことなのかといった、その背後にある自らの考え方や信念を振り返り考える自己内省の機会にもなる。

　これからの多文化共生を目指す日本社会において、設定された環境ではあれ、留学生とともに課題を設定し協働して解決していくプロセスを経験することは、これから社会人として多様な他者と社会を支え、新たな社会を創っていく立場の学生が自らのコミュニケーションのあり方を考え、捉え直す場として重要である。

1-5. 多文化交流科目におけるインターアクションの多様性

　一方で、多文化交流科目において留学生から「もっと日本語の勉強がしたかった」という声を聞くことがある。日本人学生を日本語会話練習のための会話パートナーとして捉え、自らの日本語に対して教師から誤用訂正やフィードバックを期待している場合がある。このような場合、まずは共修の目的と意義を授業オリエンテーションで明示し、理解してもらうことが前提となるが、これはまた留学生の日本語学習に対する学習観や信念、言語習得観の問題でもある。そこで、多文化共生に向けて日本語を母語とする者の側が日本語によるコミュニケーションのあり方を捉え直すと同時に、日本語を母語としない者の側でも捉え直す必要がある。日本語母語話者が非母語話者とやりとりすることで相手に配慮しながら日本語を調節する、調節する必要があることを知り考える。それと同時に、日本語非母語話者にとってはその調節によってもたらされ

る多様な意味交渉そのものが日本語学習になり、動機づけられることによってさらに対話が活性化する。このような多様なインターアクションを通して、日本語非母語話者が日本語学習の重要性やおもしろさ、喜びを感じ、日本語でやりとりしようとする態度をいかに促すかが重要となる。そのためには、そのようなインターアクションがどのように起きて、どう仕掛ければいいのかを考え、共修の場で実際に何が起きているのか、その実態を明らかにする必要がある。

　学習観や信念は容易に変えられるものではないが、留学生も日本語学習や日本人学生との交流など、何らかの興味関心をもって共修に参加している。そのような留学生の学習意欲を失わせることなく、真に伝え合う、わかり合うことが必要な意味交渉の場をつくり、そして安易に英語で返されたり、言語的に評価されたりすることなく安心して日本語を使う場が保障される必要がある。1回の授業だけでなく、1学期15回、並行してあるいは前後して開講されている他の共修科目とのつながりを活かした中長期的なデザインをすることや、教室内にとどまるのではなく、ICTなどのツールを使って教室外や学外、海外との接点を増やしていく工夫も必要である。

　また近年、留学生だけでなく、日本人学生についても、外国にルーツをもつ学生や帰化、帰国した学生、留学経験者などが増えてきており、言語意識、言語使用のあり方など、その言語文化的背景の多様化が進んでいる。幼少期から複数の言語環境で育った場合、言語との接触や複数の言語使用に関する経験や意識がアイデンティティ形成に影響すると考えられる。多文化交流科目の実践においても原則は日本語とはいえ、実際の学生間のやりとりでは日本語だけでなく、英語や中国語などの共通言語を適切に使い分けて教室内、学内外で活動している場面をよく見かける。このようにインターアクション自体も多様化していることから、「日本人学生と留学生」「日本人と外国人」「母語話者と非母語話者」のように、対象を固定化した関係性でカテゴリー化することや、母語話者を基準とした日本語習得を目標とする言語教育観を捉え直す必要がある。多言語多文化化している日本語環境において、さまざまな背景をもつそれぞれの学生が人や社会とどのようにかかわって言葉を使っているのか、共修をはじめ、多言語・複言語のコミュニケーションにおける日本語習得の実態に注目し

ていくことが重要である。

1-6. 日本語教育における多様性とその意義

　日本語を母語としない外国人を対象としてきた日本語教育のあり方が社会情勢の変化に伴ってさらに多様化し、多文化共生を目指した日本語教育においては日本語母語話者を対象とした日本語教育の重要性が高まっている。この場合、留学生の多様性を資源とした日本人学生との交流を目指した多文化交流科目は、日本語母語話者である日本人大学生にとって多文化共生を踏まえた日本語コミュニケーションのあり方や自己内省を促す貴重な場として捉えられる。しかし、図2のように留学生の多様性だけでなく、留学生と日本人学生のインターアクション、そして日本人学生自身も多様化しており、これらの多様性は多文化交流科目が留学生と日本人学生両者にとって貴重な日本語教育の場になっていることを示している。このような場をさらに活性化するために、教室内外、学内外の多様なリソース（ヒト、モノ、コト）をいかに活用して教室活動をデザインするかが重要であり、そのためにこそこの場で何が起きているのか、その実態を明らかにしていくことが必要である。

　外から留学生を受け入れるだけでなく、国内における内なる国際化は確実に進んでおり、外国にかかわりをもつ学生がこれからはさらに増えていく。そういった多言語多文化の意義や葛藤をすでに経験している学生がこれからの新しい社会をつくる原動力になる。「留学生と日本人学生がともに日本語で学ぶ」

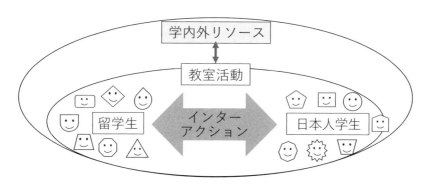

図2　多文化交流科目の多様性

状況をあえて設定することなく、そういった多様な状況が日常になっていく社会を踏まえ、「共修」や「多文化交流科目」の位置づけや意義も変化していくことが求められる。

2. 教師教育における多様性

2-1. 日本語教師の養成・研修の変化

　社会情勢の変化による日本語教育の多様化の進展は当然ながら教師教育にも影響を与えてきた。本格的に日本語教員養成が制度として展開されることになったのは、1983年の「留学生受け入れ10万人計画」を背景とした、1985年日本語教育施策の推進に関する調査研究会（文部省学術国際局）による「日本語教員養成等について」であり、日本語と日本語教育を基盤とする日本語教員養成のための標準的教育内容が示された。その後、国内に定住化する外国人など、日本語学習者の多様化が進み、地域日本語教育が展開されるようになると、多文化共生の視点が重視されるようになる。このような社会的な変化に伴い、2000年に日本語教員養成に関する調査協力者会議（文化庁）による「日本語教育のための教員養成について（報告）」では、コミュニケーションを日本語教育の根底とする新たな日本語教員養成の教育内容が示された。さらに「はじめに」で述べたようなその後の社会情勢のさらなる変化への対応が課題となり、2018年に文化庁文化審議会国語分科会による「日本語教育人材の養成・研修の在り方について（報告）」（2019年改定版）が示された。特徴として、図3のようにこれまで曖昧であった日本語教育にかかわる人材を「日本語学習支援者（ボランティア）」「日本語教師」「日本語教育コーディネーター」として役割を明確化し、教える対象として「生活者としての外国人」「留学生」「児童生徒等」「就労者」「難民等」「海外」（2019年時点）に活動分野を分類し、日本語教師を、養成を経て初任から研修を通じて中堅へと段階で示し整理したことがあげられる。そして、日本語教育人材のそれぞれの役割や活動分野、段階で求められる資質・能力を知識・技能・態度の三つに分けて整理しリスト化している。この役割、活動分野、段階、資質・能力の捉え方については、現在日本語教師の国家資格化の動きと連動し、日本語教師の評価基準になる可能性もあ

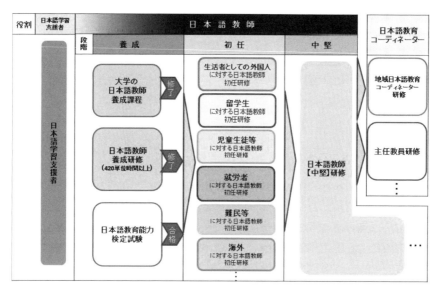

図3　日本語教育人材の役割・段階・活動分野に応じた養成・研修のイメージ

出所：文化庁文化審議会国語分科会（2019: 35）。

り、さまざまな視点から議論が起こっている（義永, 2020 など）。

　このような変化に伴い、日本語教師の養成・研修のモデルも変化する。対象となる学習者像が一定であれば、理想的な教師像も定まり、その教師像に向けて必要な知識や教授技術をトレーニングによって効率的に獲得することができる。この Teacher Training の考え方により、1980 年代以降日本語教師の養成課程が大学などに設置され、多くの教師が養成された。しかし、90 年代に学習者の多様化が進むと、その多様性に柔軟に対応することができる教師が求められるようになる。指導者によって知識や技術を教えられるのではなく、学習者の特性や置かれた環境からより適切な対応を自ら判断して実践し、その実践を内省して改善していく、教師自身が自ら成長していく教師である。この Teacher Development の考え方が目指す教師像が自己研修型教師であり、授業分析、授業研究、アクション・リサーチや経験学習モデルを用いて、自らの教育現場での実践を通した継続的な省察（リフレクション）を重視する養成や研修が行われている。横溝（2021）は、既成の教材や教え方を受け身で鵜呑みに

するのではなく、能動的に学習者に合わせて変えていく、自分のやり方を捉え直していく自己教育力の重要性を指摘している。また、協働で具体的な授業改善や問題解決の活動に参加することを通して実践のあり方を探る参加型の研修や、近年では教師研修を企画・運営することを目指した教師養成者研修も行われている（小河原ほか, 2020 など）。

2-2. 教師の熟達化

教師が養成段階を経て、初任、中堅と成長し発達していくのは、熟達化の過程として捉えられる。熟達化とは、いわゆるエキスパートになるということであり、経験を通して実践知を獲得し、高いパフォーマンスを発揮する熟達者になることである（楠見, 2012 など）。よって、教師の熟達化のためには経験が不可欠となる。しかし、単に経験を多く積めば自動的に熟達化するのかと言うとそうではない。波多野（2001）は、熟達者を「定型的熟達者」と「適応的熟達者」に分けたうえで次のように述べている。

　　実践が固定された範囲の問題を手際よく解決することに方向づけられていると、参加者は速さ、正確性、そして自動性において特徴づけられる手際のよい（定型的）熟達者になる傾向がある。対照的に、成功的な参加が多様でしかも変化する要求の充足を必要とするとき、柔軟で適応的な技能が獲得されやすい。(p.46)

教育現場にいると、1回目の授業よりも2回目、1年目よりも2年目の方がうまくなっていると感じる。しかし、その授業が同じ考え方、内容、やり方であれば、それは決められた条件の中で繰り返されることによる自動化、つまり「慣れた」というだけにすぎない。慣れることによる有能感は得られても、授業準備や予習の時間が効率化して減ることが必ずしも教師の成長とは言えない。授業実践は、工場などでのラインのようにいつも同じが求められる定型的な作業工程とは違い、学習者やクラスによって異なる。たとえ内容が同じでも同じやり方では通用せず、相手や状況に応じてルールや手順を適応させていく必要がある。

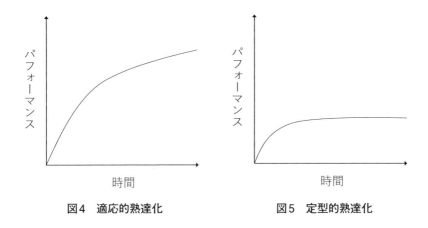

　　　　図4　適応的熟達化　　　　　　　　図5　定型的熟達化

　熟達化は、経験が蓄積されるとともに右肩上がりで進んでいくのが理想である（図4）。しかし、決められた内容や教材をルーティンとして素早く正確にこなしているだけでは、成長がない状態のまま経験年数だけが蓄積されていく（図5）。「ある教科書でなければ教えられない」「このような学習者には教えたことがないのでできない」という声を聞くことがある。しかし、そのような条件でも多様化の状況においては、これまでの経験を踏まえて自らの知識やスキルを最大限に駆使して考え、柔軟に対応することができる適応的熟達者が求められている。

　波多野（2001）は適応的熟達化のためには、問題解決に内在して生ずる意味生成の試みが不可欠であり、そのための条件として次の四つを提案している。

・絶えず新奇な問題に遭遇すること
・対話的相互作用に従事すること
・緊急（切迫した）外的な必要性から解放されていること
・理解を重視するグループに所属していること（p.46）

　授業実践の現場では、いわゆる教案どおりに展開することはほとんどない。そのため、一度実践をすれば必ずまた何か課題が生まれる。その課題を解決するためにはなぜその課題が生じたのかを問うことになり、その解決方法を考え

てあらためて実践する。するとまた課題が生じるというように、実践において
は課題が解決することはなく常に更新されていく。つまり、常に新たな課題が
生まれ、それを問い続け解決し続けるのが実践の現場なのである。そして、わ
からないことがあるからおもしろいと感じ、わかるように試行錯誤して創意工
夫するから楽しいと思い、それらがわかるようになるから成長できるのであ
る。そこに多様な経験をもっている他者がかかわることで、さらに個人では
思いもよらない斬新なアイディアや見方、捉え直しの機会が得られ、協働する
ことで役割が生じ、やりがいが生まれ、学び合いが起きるのである。しかし、
日々の授業をこなすだけでなぜを問おうとしなかったり、次から次へとやって
くる学習者への対応と送り出しだけで精一杯になっていたりする環境では、問
題が生じても応急処置の対応に終始し、その本質を問い、考える余裕もなく、
気づくことすら難しい。そして、結果や成果、数値だけが重視され、現場の課
題を共有したり、解決のためのアイディアを出し合ったりする他者や組織、制
度、ネットワークもない環境では、いつしか有能感も自己効力感も得られずに
プラトーの状態に陥ってしまう可能性がある。

2-3. 熟達化に必要なスキル

熟達化するためには経験が不可欠であるが、経験だけでは不十分であり、経
験から学ぶ力が必要である。自らの経験を振り返り、実践知を身につけるため
に楠見（2012）は、熟達者の実践知を支えるスキルとして以下の三つをあげて
いる。パーソナリティではなく、経験によって身につけるスキルとして捉える
ことで向上させていくことができる。

①テクニカルスキル：専門的能力に対応し、仕事のパフォーマンスを支える
　手順やスキル、内容的な知識である
②ヒューマンスキル：対人関係能力であり、集団の一員として、そしてリー
　ダーとしての対人的知能に対応する
③コンセプチュアルスキル：概念化能力であり、複雑な状況や変化を認知・
　分析し、問題を発見し、実際的・創造的解決をする（pp.15-17）

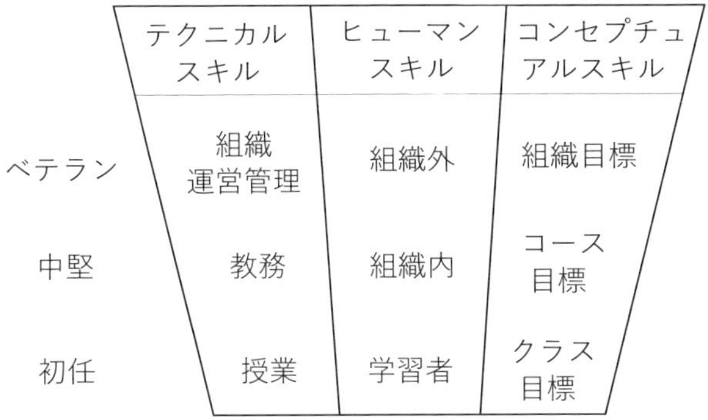

	テクニカル スキル	ヒューマン スキル	コンセプチュ アルスキル
ベテラン	組織 運営管理	組織外	組織目標
中堅	教務	組織内	コース 目標
初任	授業	学習者	クラス 目標

図6　日本語教師の実践知を支える三つのスキル

出所：楠見（2012: 16）の図を改変。

　そしてこれらの関係性として、まずタスク遂行を支えるテクニカルスキルと人間関係の維持・発展を支えるヒューマンスキルがあり、それらを土台にして組織の目標に導くコンセプチュアルスキルがある。そして、その中核には自分自身をコントロールするメタ認知スキルがあり、それを支えるのが省察、経験からの学習態度、批判的思考であるとする。

　この三つのスキルについて、ある日本語教員のスキルの発達で捉えてみたものが図6である。テクニカルスキルは、日本語やコミュニケーション、カリキュラム、教授法など、授業をするうえで必要な日本語教育の内容に関する知識やスキルから始まり、段階が進むにつれてクラスだけでなくコース、教務、組織全体のマネジメントや改善に関する知識とスキルが必要になる。ヒューマンスキルは、担当するクラスの学習者、そして組織内の同僚や関係者だけでなく、ベテランや先輩教師、後輩の初任者教師、さらに組織外の関係者と段階に応じて交渉、調整、関係構築や維持をしたりすることが求められ、コミュニケーション、ファシリテーション、メンタリング、コーチング、リーダーシップといったスキルが必要となる。コンセプチュアルスキルは、段階に応じてより複雑になっていく課題を解決するために、状況や変化を的確に把握し、必要な情報を集めて批判的に分析し、創造的なアイディアを論理的に概念化して説明し、提案することが求められ、段階が進むにつれてより俯瞰的な視点で目標やビジョンを設定するスキルが必要になる。

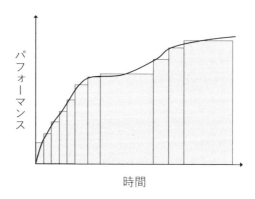

図7　課題解決の過程と熟達化

　このように考えると、熟達化は教師個人だけでは限界があり、経験から課題を設定し解決し続ける過程を、さまざまなツールやネットワークを使って他者と対話し共有し合うことを通して、経験から学ぶ力を身につけていく必要がある。そして、これからの社会の変化や学習者の多様性によって生じる複雑で常に変化する課題に対応するためには、対処療法的なその場しのぎの課題解決ではなく、いかに柔軟に創造的に解決するかが重要になる。その場合、社会状況の変化を的確に認識し、現場の問題点を分析したうえで現場を変えるための明確なビジョンと計画を立て、組織的に協働して取り組む必要がある。日々のルーティンや成果主義に陥ることなく、常に何が現場で起きているのかを理解し共有して、見極めようとする環境であれば、現場の課題が、個人だけでなく集団の課題へと発展し、対話的な相互作用を通して個人そして集団の考えを問い直す機会が必然的に増えることになる。つまり、現場の環境が変わることで教師自身が変わり、結果として個人も集団も熟達化が起きる。他者と経験から学び合う環境にいることで、経験から学ぶ力を身につけることができる。

　熟達化を日々の実践を通じて起こる課題解決の過程と捉えて示したのが図7である。図中の各縦棒を各課題とすると、初任段階までは図のように比較的短いスパン（棒の太さ）で個人でも解決可能な基本的知識やスキルに関する課題を解決していき、段階が進むにつれて課題がより複雑になり（左隣の棒との高

さ・太さの差）、組織的に協働して課題解決に取り組んでいく。実際には、この間にさまざまな壁に突き当たりながら、また新たな課題を見出して解決に向けて挑戦していく。教師の熟達化は、図中の曲線のように紆余曲折を繰り返しながら進んでいくものと考えられる。

2-4. 熟達化の環境

　経験から学び合う環境をつくるためには、まず教師が日々の実践から課題を設定し、解決案を考えて実践する過程を共有することが必要である。しかし、そのような機会に慣れていない場合、「自分の見出した課題に自信がない」「自分の実践を他者に見せることに抵抗がある」「何か具体的な成果がないといけない」などと思ってしまうことがある。青木（2006）は「教師が自らの実践知を語れる場とは、確実なことを自信をもって語る場ではなく、不確実なことを数多くの留保つきで語れる場」（p.149）の必要性を述べているように、教師が自らの実践によって得た実践知を、自由な雰囲気の中で組織的制度的に語れる場をつくることが重要である。

　どのようにして実践知を共有する場をつくることができるのか、例として、「はじめに」で述べた多文化交流科目の開発に伴う実践共有の場を取り上げる。1-4で述べたように、多文化交流科目は日本語母語話者である日本人大学生にとって、多文化共生を踏まえた日本語コミュニケーションのあり方や自己内省を促す日本語教育の重要な場の一つと考えられるが、担当教員一人による単発の開講だけでは十分ではない。そこで、当時大学が主に留学生を対象に提供していた従来型の4技能を初・中・上級と積み上げる日本語コース・カリキュラムを改編し、多文化交流科目をその中核に据え、「留学生と日本人学生が協働して行う多文化交流活動を支えるスキルを育成する日本語教育を提供する」という理念のもと、そのために必要な日本語能力を記述した新たなスタンダードを作成した（北海道大学日本語スタンダーズ2019年度版 HP参照）。この能力記述を作成する過程で、これまでのレベル別各クラスの目標とそのための具体的な教室活動の内容を各担当教員に記述してもらい、新たなスタンダードの能力記述とのすり合わせと、より具体的なスキル記述を行った。そして、このスタンダードをもとに各クラスがどのような教室活動を行ってい

るのか、実際の使用教材などを持ち寄って担当教員間で共有する場を組織的制度的に設けた。その結果、抽象的な能力記述から具体的な活動例が浮かび上がり、各クラスでどのような教室活動を行うとスタンダードに示された能力記述のどの部分が達成されるのか、各教員間で具体的なイメージ化が可能となった（小河原, 2016）。この実践共有の場は現在も継続され、スタンダートとその具体的活動の改善や教材開発など、その成果が報告されている（鄭, 2016など）。

　一方で、同じ現場内で共有する方がかえって抵抗がある、あるいは共有する機会や考え自体が現場にないこともある。そこで自分の現場や文脈を離れて研修会や勉強会に参加するというリソース利用の仕方もある。阿部（2014）は、言語教育現場における実践を「丸ごとそのまま」、異なる現場で実践をする仲間と共有することを目的とする「実践持ち寄り会」（実践持ち寄り会, 2012など）を参考にして、地域日本語教育の勉強会で「なんちゃって持ち寄り会」を開催した。そこでは、教師である話題提供者が授業でよく使う教科書や参考書、自作の教材などを持参して並べ、参加者がそれぞれ興味あるブースに参加して教材を手に取って話を聞いたり、困っていることを共有したりした。参加者には自分の教材を持ち寄る義務はなく、「持って来てもいい」という集まりにしたところ、話題提供者と参加者の双方からこのように比較的自由な参加型の勉強会の形態を支持する声が多かったという。共有すべきは結果や成果でなくともよく、使用した教材や実践のプロセスで生じた成果物であれば、一部であったとしてもそれを契機にして実践そのものやその本質を再現することにつながり、より深い実践の共有が可能となる。

　教師が経験からの実践知をどのように共有し、教師間で共有する環境をどのように構築するかは各現場の課題である。しかし、共有する前に、教師が経験から何を課題として問い、抽出して捉えるかがスタートとなる。その問い自体が固定的で変わらなければ現場の課題に柔軟に対応できない。とかく自分の現場だけにいると、その現場では当たり前のように認識されている見えない前提や約束事があり、その枠組みの中で問いがなされてしまう。同じ現場では参加者同士が同じ文脈で密接な関係にあることから、具体的な説明をしなくても言葉が通じてしまいがちで、その前提や約束事自体を問おうとしても問いにく

い。現場の目標やビジョン、学習観や教育観を共有し合い、問い直すことのないまま、問題の原因を学習者や実践以外にのみ求めていたり、成果を追求することにのみ終始していたりすることに気づかないこともある。

　一方、異なる現場の他者との共有では、文脈が異なり、前提が共有されていないばかりか、関係性が弱くお互いをよく知らない。まずは個人、そして現場の相互理解が必要であり、そのためには言葉による具体的な説明が必要であり、問いを整理し明確化する必要がある。それによって問い自体が問い直される契機となり、埋め込まれていた暗黙の了解が外化されて、現場を異にする他者から思いもよらない指摘を受けることもある。このように現場間で交わされる課題の共有がうまくいかずにかみ合わないというコミュニケーションが挫折する機会こそが、自らの問いを問い直す貴重な契機とも言える。そのため、日ごろから現場内で課題解決の過程が繰り返されていることが必要であり、そのプロセスを現場間で共有し、再度現場内に持ち帰って検討するという現場内外の往還が重要である。このように、現場内交流と現場間交流を往還することが組織的制度的に保障されている環境であれば、問い自体が成長、発達し、個人も組織も熟達化が可能となる。

2-5. 教師教育における多様性とその意義

　日本語教育の多様化に応じて、自己成長する教師が求められている。教師は教えている現場、活動分野、教育環境も異なれば、個人レベルでも経験、年齢、教育観など多様である。しかし、教師は日々実践を行い、そこから現れる課題に取り組んでいる点では共通している。初任から段階が進んでいくと、社会状況の変化に対応したり、組織内の役割の拡大に対応したり、解決すべき課題もより複雑で多様になっていく。それらの課題解決に取り組むことによって教師は成長していくと考えると、その課題をどのように設定し、アプローチし、その結果をどのように評価し、共有し、振り返るかが重要であり、さらにはそのプロセスを観察、サポート、活性化する必要がある。そのためには、図8のように各現場の中で課題を共有し、課題解決に向けた対話（実線矢印）を行うだけでなく、現場を超えて、多様な日本語教育全体に対する視野をもち、異なる現場や活動分野の異なる人と課題解決に向けた対話（破

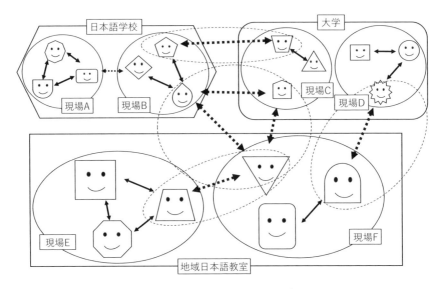

図8　現場内・現場間の対話

線矢印）ができれば、その対話を通して自分の現場を俯瞰し、新たなアプロー
チで課題解決に向かうことができる。そのように現場の中だけでなく、現場
や活動分野を超えてそれぞれの実践課題を持ち寄って、一見異なる現場、対
象者、課題に見えるものから共通点を見出し、その方向性の中に自分の課題
を位置づけ直し、協働で解決に取り組む機会や場、しくみをつくることが重
要である。

おわりに

　本章では、これからの共生社会の実現に向けて社会的な要請が高まっている
日本語教育とその教師教育において、多様性とその意義について考えてきた。
日本語教育の多様性として、日本語教育の対象が社会の変化に伴って日本語
学習者だけでなく生活者としての外国人、さらには日本語母語話者へと広がっ
た。そして、日本語教育の場も日本語を学習する授業だけでなく、多文化交流
科目といった留学生と日本人学生がともに学ぶ授業へと広がり、そこに参加す

る多様な参加者による多様なインターアクションが起こる場の多様性を活かしたデザインが求められている。同時に教師教育では、自らの活動分野や現場で与えられた役割をこなすだけでなく、日本語教育の多様性による変化を俯瞰して把握し、その多様性を自らの成長に活かすことができる教師が求められる。そのため、多様な背景をもつ教師が多様な現場で、自らの置かれた成長段階に応じた実践に伴う課題を、現場内と現場間を行き来しながら対話を通じ協働して解決していくこと、そのような環境を整えていくことが求められている。このように日本語教育、そしてその教師教育は社会の変化に伴う日本語教育のあり方の多様性に適切に対応するために常に変化を遂げてきた。つまり、多様性こそが日本語教育、教師教育を成長・発達させ、これからも活性化のための原動力になる。

　現場教師の間で「留学生に教えているから就労者や年少者はわからないし関係ない。研究発表を聞いても役に立たない」という声を聞くことがある。社会の変化に伴い、多様化は今後もさらに拡大していくものと思われる。活動分野が異なれば、その対応の仕方は千差万別であり、活動分野別にした方が効率的な面もある。しかし、同じ日本語教育であっても活動分野によって細分化されてしまうと、相互の実践はより共有されにくくなり、対話も生まれにくい。多様性に応じて日本語教育をそれぞれの活動分野や現場内で閉じてしまうと新たな発想やアイディアが生まれにくく活性化も難しい。多様性をリソースとして利用し、活動分野や現場内での対話を活動分野や現場間での対話に広げることによってそれぞれの日本語教育の独自性を整理・明確化することができ、ともに課題を共有することによって新たな課題を設定し協働して解決に取り組むことにつながり、教師、そして組織の成長に結びつけていくことが可能となる。多様性による違いを認めるだけでなく、そこから新たな創造をともに生み出していくことが求められている。

🧠 考えてみよう

1. 授業や日常生活の場面で、留学生などの日本語を母語としない人との会話を録音して文字に書き起こしてみよう。それを見て、自分がどのような言葉をどのように使ってコミュニケーションしているか分析してみよう。
2. 留学生と日本人学生がともに学ぶ多文化交流科目（国際共修科目）の意義は何か。そこで学べることは、多文化状況が確実に進んでいる日本の地域社会において具体的にどのように活かすことができるか考えてみよう。
3. 日本語を母語としない人に、日本語でのコミュニケーションや日本での生活でどのような点に困難や悩みを感じているのか聞いてみよう。そして、それらをどのようにしたら解決できるのか考えてみよう。

📖 ブックリスト

1. 蛇蔵・海野凪子（2009）『日本人の知らない日本語』メディアファクトリー
2. 「外国につながる子どもたちの物語」編集委員会（編）（2009）『まんが クラスメイトは外国人——多文化共生20の物語』明石書店
3. 山田泉（2013）『多文化教育Ｉ』法政大学出版局
4. 義永美央子・嶋津百代・櫻井千穂（編著）（2019）『ことばで社会をつなぐ仕事——日本語教育者のキャリア・ガイド』凡人社
5. 横溝紳一郎（2021）『日本語教師教育学』くろしお出版

引用文献

・青木直子（2006）「教師オートノミー」春原憲一郎・横溝紳一郎（編著）『日本語教師の成長と自己研修——新たな教師研修ストラテジーの可能性をめざして』凡人社, pp.138-157

・青木麻衣子・小河原義朗（2014）「『多文化交流科目』の開発経緯と意義および課題」『北海道大学留学生センター紀要』第18号，pp.3-17

・阿部仁美（2014）「札幌版『なんちゃって実践持ち寄り会』ご報告」『言語教育実践　イマココ』2，ココ出版，p.24

・庵功雄・岩田一成・佐藤琢三・柳田直美（編）（2019）『〈やさしい日本語〉と多文化共生』ココ出版

・小河原義朗（2001）「日本語非母語話者の話す日本語に対する日本人の評価意識――日本語教育における言語意識」『日本語学』Vol.20，No.7，pp.64-73

・小河原義朗（2016）「多文化交流活動に必要なコミュニケーション能力を育成するための日本語スタンダードの開発」『北海道大学国際連携機構国際教育研究センター紀要』20，pp.5-16

・小河原義朗・黒崎誠・金孝卿・義永美央子（2020）「中堅日本語教師研修の内容と方法」『日本語教育学会春季大会予稿集』pp.11-20

・木村護郎クリストフ（2019）「『日本語による国際化』と〈やさしい日本語〉――留学生受け入れの観点から」庵功雄・岩田一成・佐藤琢三・柳田直美（編）『〈やさしい日本語〉と多文化共生』ココ出版，pp.47-66

・楠見孝（2012）「実践知と熟達者とは」金井壽宏・楠見孝（編）『実践知』有斐閣，pp.3-32

・坂本利子・堀江未来・米澤由香子（2017）『多文化間共修――多様な文化背景をもつ大学生の学び合いを支援する』学文社

・佐藤和之（1996）「外国人のための災害時のことば」『月刊言語』25（2），pp.94-101

・実践持ち寄り会（編）（2012）『言語教育実践　イマココ』準備創刊号，ココ出版

・人権教育啓発推進センター（2017）『平成28年度法務省委託調査研究事業　外国人住民調査報告書―訂正版―』

・鄭惠先（2016）「円滑な双方向的コミュニケーションを目指したアウトカム重視型の『やりとり』科目のコースデザイン」『北海道大学国際教育研究センター紀要』20，pp.17-27

・日本語教育施策の推進に関する調査委員会（1985）『日本語教員の養成等について』文部省学術国際局

・日本語教員養成に関する調査協力者会議（2000）『日本語教育のための教員養成について（報告）』文化庁国語課

・野田尚史（2014）「『やさしい日本語』から『ユニバーサルな日本語コミュニケーション』へ――母語話者が日本語を使う時の問題として」『日本語教育』158，pp.4-18

・波多野誼余夫（2001）「適応的熟達化の理論をめざして」『教育心理学年報』40，pp.45-47

・文化庁文化審議会国語分科会（2019）『日本語教育人材の養成・研修の在り方について（報

告）改定版』

・栁田直美（2019）「やさしい日本語の使い手を養成する——自治体職員対象の『やさしい日本語研修』の実践から」庵功雄・岩田一成・佐藤琢三・栁田直美（編）『〈やさしい日本語〉と多文化共生』ココ出版，pp.145-159

・栁田直美（2020）「非母語話者は母語話者の〈説明〉をどのように評価するか——評価に影響を与える観点と言語行動の分析」『日本語教育』177，pp.17-30

・横溝紳一郎（2021）『日本語教師教育学』くろしお出版

・義永美央子（2020）「日本語教師の資質・能力観の変遷と今日的課題」『社会言語科学』23（1），pp.21-36

インターネット資料

・総務省（2006）「多文化共生の推進に関する研究会報告書——地域における多文化共生の推進に向けて」 https://www.soumu.go.jp/main_content/000539195.pdf （2021.04.17アクセス確認）

・法務省（2022）「在留外国人統計（2021年末現在）」 https://www.moj.go.jp/isa/content/001370057.pdf（2022.07.24アクセス確認）

・北海道大学日本語スタンダーズ2019年度版　https://www.oia.hokudai.ac.jp/cier/wp/wp-content/uploads/2019/05/nihongo_standards2019.pdf（2022.12.23アクセス確認）

第9章 アクティブラーニングが求められる背景

山本堅一

　「この授業はアクティブラーニングを取り入れ、グループディスカッションをします」などといった先生の言葉を聞いて、みなさんはどう感じるでしょうか。主体的に学ばなくてよい授業、先生の説明を受け身で聞いていればよい授業というのはあるのでしょうか。授業とは、学びとは何なのか、あらためて考えてみましょう。

🔑 キーワード

学習者中心授業　シラバス　オンライン授業　フィードバック

1．アクティブラーニングとは何か

1-1．主体的な学びとそうでない学び

　アクティブラーニングとは、「主体的な学び」や「それを促す授業」として捉えられている。あらためてそう言われると、学びや授業とは当然そのようなものではないかと思う人もいれば、そう思わない人もいるだろう。しかし、どちらの人にとっても、教える人（教員）が知識を授けながら、教わる人（学習者）がその知識を定着させようと頭を使い、手を動かすという行為が発生している場であり時間が授業である、と言われれば納得できるだろう。

　たとえば、第三者として授業を観察したとき、教室では先生が熱心に説明しながら板書し、学生はよそ見などせず、真剣な眼差しで黙々とノートに書き写していたとする。そこで行われている一連の行為は、確かにアクティブラーニングに見えるかもしれないが、実はそうなっていないかもしれない。なぜなら、教員の板書をノートに書き写すという行為そのものは、主体的な学びであるとは限らないからである。ある学生は先生の説明を聞き、板書を見ながら、頭をフル回転して理解しようとしているかもしれない。別の学生は、授業に興味がないので早く時間が過ぎないかなと考えながらも、試験で赤点は取りたくないため、とりあえずノートは取っている状態かもしれない。

　このように、学んでいるかどうかは外見的な行動だけでわかるものではない。上記の例のように、学びには主体的な学びと、そうではない受動的な学びというのがあるのだ。注意しなければいけないのは、受動的な学びは意味がないということではない。

　さて、ここで学生に目を向けてみよう。みなさんの中には、多くの大学生はいかに楽をして単位を取るかと考え、授業に真剣に取り組んでいないと考えている人がいるかもしれない。このような捉え方は、確かに大学生のある一面かもしれないが、それがすべてではない。みなさん自身の学校教育を振り返ってみてほしい。あらゆる教科に興味をもち、自ら進んで勉強を頑張った人はどれほどいるだろうか。もちろんそういった教科がいくつかあった人もいるだろう。しかし、多くの人は、好き嫌いに関係なく、やらなければいけないから勉

強していたという経験もしたのではないか。主体的な学びを自律的な動機づけによる勉強だとすれば、受動的な学びは他律的な動機づけによる勉強となる。

　学校教育において、すべての教科に興味をもって勉強に取り組むことが難しいとしても、一生懸命勉強している子どもは大勢いる。それはなぜだろうか。さまざまな理由がある中でも大きなものの一つは、少しでも良い学校へ進学するという目標があるためである。学校においても家庭においても、子どもたちはなぜ、何のために勉強するのか、ということを考え、他者と話し合って勉強する意義を見出す機会は多くないのかもしれない。そのため、とりあえず将来のために少しでも良い学校へ進学するということが社会的にも目標とされやすい。そして現代では多くの子どもたちが、大学などの高等教育機関へ進学するという目標を立て、その目標に向かって一生懸命勉強するのである。

　そうやって大学に進学してきた子どもたちの多くは、入学後に勉強するための目標を失う。医者や弁護士になるなど、具体的な将来が決まっている学生はまだよいが、「将来何かの職業に就くために」という目標では、大学の難しい専門科目を学ぶ動機づけとしては弱いのだ。ただし、高校までは一生懸命勉強していた子どもたちが、大学に入って勉強しなくなるというのは事実かもしれないが、それまで主体的な学びをしていたのに大学では受動的な学びに変わるということではない。

　近年、アクティブラーニング、すなわち主体的な学びが重要であると言われているのは、上述のようなことを反省してという一面もあるが、大学における授業のあり方に主な要因がある。次にその点を解説しよう。

1-2.　大学の授業のあり方から見た背景

　大学の授業は、基本的に研究者としての教員が担当している。私たち研究者に教職免許は必要ないし、授業を実施するために必要なトレーニングをまったくと言っていいほど受けていない人もいる。そのため、大学の授業と言えば、先生が自分の話したいことをずっと話している、自分が教えられることを教えているといった具合で、何のためにこの授業を受けるのか、この授業と他の授業はどのような関係があるのか等を把握できない学生もいることだろう。

　大学の授業内容や質に対する批判はずっと指摘されており、文部科学省によ

る主導のもと、各大学はさまざまな対策を講じてきた。文部科学省は、個々の授業改善を行うためにFD（Faculty Development）を義務化[1]し、近年ではディプロマ・ポリシー、カリキュラム・ポリシー等の策定と公開を求めるなど、組織的な教育体制を整備できるような対応を各大学に促している。

　授業改善に向けた対策の一つとして、1990年代からシラバスが導入された。シラバスとは授業ごとに作成されるもので、授業の目的や到達目標、成績評価方法、授業計画や使用するテキストなど、授業に関する情報が詰め込まれたものである。学生は、受講前にシラバスをしっかり読んで、授業の意義を把握し、授業計画に沿って自身の学習計画を立てる。このように、シラバスとは授業の成否にとって大変に重要なものであるのに、教員にも学生にも重要なものとして認識され、活用されているとは言い難い現状がある。ここで、あらためてシラバスを作成する意義について確認しておこう。

1-3. シラバス作成の意義

　教員はシラバスをどのように作成するのか、一般的な流れを説明しておこう。最初にすべきことは、その授業の存在意義を確認することである。何のためにその授業が開講されているのかを確認するためには、カリキュラム全体を把握しなければいけない。そしてこの存在意義というのは、多くの大学のシラバスにおいて「授業の目的」や「授業のねらい」などの項目として、比較的上の方に記述されている。

　その次にすべきことは、具体的にどこまでを目標とすべきかという到達目標の設定である。到達目標についても、当然ながら自分の好き勝手に設定できるものではなく、関係する他の授業との調整は必要である。学生がその授業を履修した後に学ぶであろう授業を踏まえ、何をどこまで身につけてもらう必要があるのかといったことを考慮して、授業の到達目標を設定するのである。

　ここまで設定した後は、教員の裁量の大きい部分が残る。具体的には、学生を到達目標まで導くために必要な授業計画と授業時間外の予復習課題、目標の到達度を測るための成績評価方法やフィードバック方法、それから教科書や参考図書などを決めていくのである。

　授業を担当するすべての教員が、ここで説明したようなシラバス作成の手順

を理解したうえで作成しているのかと言えば、決してそうではないだろう。大学教員には、カリキュラムに基づく組織的な教育という意識すら、まだ根付いていないというのが現状である[2]。

　さて、ここで話は先ほどのアクティブラーニングとつながってくる。このように、大学の授業はそもそも主体的な学びを促すようなものにはなっていなかったのだ。たとえ何年も同じ授業を担当していようが、初等中等教育の先生たちは、時間を見つけては教員同士の授業参観や授業研究に力を入れている。それでもあらゆる子どもたちのやる気を喚起し、みなが主体的に学ぶような授業を実践するのには苦労しているのである。それに対して、大学ではシラバスをしっかり作成しようという動きがようやく定着し始めたところである。これでは、いくら大学生が自らの関心で専門領域を学ぼうと進学してきたとはいえ、学生たちの主体的な学びを促す授業が難しいのは当然のことと理解できるだろう。

2.　なぜアクティブラーニングが求められているのか

　ここまでの話で、大学生が主体的な学びをするのは簡単なことではないということが明らかになっただろう。それでも日本の大学は立派な社会人を輩出してきたではないか、それなのになぜ、いまごろアクティブラーニングが叫ばれているのだろうか、と思う人もいるだろうから、次はその点について解説していこう。

　大きな要因の一つとしては、進学率の上昇があげられるだろう。大学への進学率は1990年代からおおむね右肩上がりで上昇を続け、それに呼応して大学の数も増え続けているため、現在は進学を希望すればどこかには入れる大学全入時代と言われている。その一方で、18歳人口は1992年をピークに減少傾向に入っているため、進学者数が大幅に増加しているわけではない。

　少子高齢化の進展する日本が、その社会を支え、またグローバル社会をリードしていくためには、人材育成により力を入れる必要がある。そのためには、大学では研究のみならず教育も重要であるということが、広く認識されるようになってきたのだ[3]。

そこで、最初にも述べたように、個々の授業における学習効果を高め、構造化されたカリキュラムを通じて体系的・組織的に学生を教育していこうとする方針、施策が取り沙汰されるようになってきた。その一つとして、2000年以降、アクティブラーニングという言葉が登場することになる[4]。

2-1. 二つの観点から捉えるアクティブラーニングの難しさ

それでは、アクティブラーニングが具体的に何を意味しているのかという点について説明していこう。アクティブラーニングは、教授技法の転換、すなわち「教えるから学ぶ」へのパラダイムシフトだと言われる。言い換えれば、教員中心授業から学習者中心授業への転換である。さらに言えば、知識をもたない学習者に対して、知識をもつ教員がいかに工夫してその知識をわかりやすく授けるか、といった教員が中心となった考え方の授業ではなく、学習者が主体的に学び、知識や技術を身につけ、学習に対する態度を育んでいくため、教員はどのように学習を促していけばよいか、といった学習者を中心に捉える授業に変えていこうということである。アクティブラーニングという言葉だけ聞くと簡単そうに思えるかもしれないが、こうしてその意味するところを考えると、意外と難しいことであると理解できるだろう。

アクティブラーニングはなぜ難しいのか、そしてどうすればよいのか、ということについて、ここでは二つの観点から説明したい。一つは、授業は教員と学習者の両者がいて成り立つという点、そしてもう一つは、学習者は多様であるという点である。

一つ目の観点から説明しよう。たとえば極端な話をすると、授業では教員がどんなに熱心で丁寧に講義をしたとしても、受講生が全員寝ていたら、そこでは主体的な学びなど発生しないことは明らかである。寝ていないまでも、ボーッと話を聞いているだけだとどうだろうか。この場合は、教員の話し声が子守歌のように機能して、そのまま寝てしまう学生もいるだろうし、教員の発したある言葉に興味を抱き、頭が冴えて授業に没頭し始める学生もいるかもしれない。また、受講生全員が高い関心とやる気をもって臨んでいる授業で、教員の説明が単調でスライドを読み上げるだけだった場合、やる気を維持できずに寝てしまう学生が出てくるかもしれないし、ボーッと話を聞き流して主体

的な学びができない学生が出るかもしれない。このように、授業とは自分一人で行う自己学習とは異なるので、アクティブラーニングになるかどうかは、教員次第でも自分次第でもなく、教員と自分のどちらにも依存するし、多くの場合、他の学習者を含めた学習環境にも影響を受ける。

　二つ目の観点は、すでに上記の例でも触れていることだが、たとえば、ある先生の授業が非常にわかりやすく、常に没頭して深い学びができるという学生がいたとしても、他の学生にとってその先生の授業で同じような経験ができるとは限らず、反対にいつも寝てしまうといった学生さえいる場合だってある。ほかにも、たとえば、教員が「ここは重要だから期末試験に出しますよ」と言えば、多くの学生は一気に集中力を高めるかもしれないが、そうじゃない学生もいる。さらに、教員が学生を指名して発言を求めながら授業を進める場合、当てられたときに間違えないようしっかり勉強しようとする学生がいれば、当てられるのが嫌で緊張して授業に集中できなくなる学生だっているのだ。すなわち、学びには人それぞれのかたちというものがあり、こういう授業をすれば全員がアクティブラーニングをする、といった正解はないのである。

2-2. アクティブラーニング授業を実践するための三本柱

　さて、これでようやくアクティブラーニング授業を実践するにはどうすればよいのか、という点について説明できる。ここでは、授業デザイン、授業時の没頭そしてフィードバックという三つの重要な柱を紹介したい。

　最初の授業デザインとは、すでに説明したシラバスをしっかりとつくり込むということである。授業を担当する教員には、受講生を到達目標へ導く役割そして責任がある。「今年度の学生は不真面目だったせいで、試験の点数に下駄を履かせないと単位を与えられない」などと、成績の悪さを学生の責任にするような声を耳にすることがある。しかし、これは大きな勘違いであって、正しくは、自分が授業担当教員としての責任を果たせなかったことを意味するのである。それでもさらに言い訳を重ねる人もいる。たとえば、勉強しなかったのは学生にやる気がなかったからだ、と。確かにやる気がなかったのかもしれないが、最初からやる気がなかったのか、それともやる気を削がれてしまったのか、どちらだろうか。私がこれまで行ってきた調査を踏まえると、授業に対

して最初からやる気のない人を探すよりも、途中でやる気を失った人を探す方が簡単である。途中でやる気を失う理由はさまざまであるが、授業デザインがしっかりしていないと、そうした悲劇は生じやすい。特に、その授業で学ぶ意義や価値がわからないから興味をもてない、内容が理解できないといった要因の影響は大きく、授業の目的を十分に伝えられていない、理解度を学習者自身に気づかせる授業の構成になっていないなどの原因があげられる。したがって、事前にシラバスをつくり込み、授業期間中はシラバスに沿って教員と学生が学習を進めるということが大切なのである。

　続いては、授業時の没頭という柱について説明しよう。主体的に学んでいると、授業に没頭して、あっというまに時間が過ぎ去ってしまうかもしれない。しかし、大学の授業は90分と長い。実験や演習ならまだしも、講義形式の授業では特に、90分の間ずっと集中して勉強に取り組むことは、誰にとっても簡単なことではないだろう。しかも、授業というのは自分のペースで学習を進められるものではなく、教員側が学習者の学習ペースをコントロールしているため、疲れたからトイレ休憩を入れようとか、眠くなってきたから空気を入れ換えようとか、わからない箇所があるからいったん前回の復習に戻ろうなどといったことを、学習者自身の判断ではできない。

　私は、大学生の授業中の没頭度について調査している。ある授業に対する学習意欲と、その授業でどういうときに没頭できて、どういうときに没頭できなかったかを、学生自身に振り返ってもらい、それらの傾向を分析している。当然ながら、学習意欲が高ければ授業中に没頭しやすく、逆の場合は没頭しづらいという傾向はある。しかし、どんなにその授業に対する学習意欲が高くても、最初から最後まで没頭できることは稀であるし、没頭していない時間帯の方が多い場合も決して珍しくはない。

　授業中の没頭度について簡単に説明すると、影響を与える要因は三つある。一つは学習者要因で、当然と言えば当然だが、これが最も大きい。具体的には、授業内容に興味がある、授業が理解できる、授業が楽しいなど。二つ目は教授者要因で、たとえば、説明が上手、授業にメリハリがある、熱意が感じられるなど。最後の三つ目は環境要因で、影響としては最も小さく、具体的には、教室の明るさや温度、他の受講生の姿勢などがあげられる。ここで興味深

いのは、他の受講生の受講態度が与える影響で、周りが熱心だと自分も頑張れるというポジティブな影響のみならず、周りに居眠りをしていたり、スマホをいじっている学生がいると、自分の集中力が低下してしまうというネガティブな影響を与えることがあるという点だ。周りが寝ていようがスマホを操作していようが、静かにしているなら影響ないのではと考え、わざわざ注意しない教員もいると思うが、ネガティブな影響を受ける学生もいるということは覚えておいてほしい[5]。

　このように、学生に対して主体的に学びましょうと言っても、たとえその授業に興味をもっていた場合でさえ、教授者要因や環境要因によって授業に没頭できないこともある。しかし、反対にその授業に興味をもっていない場合であっても、没頭して主体的に学ぶ経験をすることもよく見られることなのだ。授業中の没頭度に与える影響の大きさは、人によって異なるため、全員を没頭させることができる魔法のような教授法などはない。したがって、授業時は受講生の様子をよく観察しながら、没頭度にネガティブな影響を与えないよう注意する必要があるのだ。

　最後の三つ目の柱はフィードバックである。学習者に対するフィードバックの重要性は実証されており、高校までの学校教育では効果的なフィードバックが研究され実践されている。しかし、大学の授業ではフィードバックが当たり前ではなくなってしまう。理由の一つは、受講生が多く、教員の負担が大きくなるからだろう。受講生にとっては、レポートを書いても課題を解いても、フィードバックがなければ、どこが良くてどこを改善すべきなのかわからない。これでは、一生懸命取り組もうと思えなくなっても無理はないだろう。

　フィードバックとは、受け取った相手の行動変容につながるものが効果的である。たとえば、学生に出した課題を採点して返却したとする。それを受け取った学生が、「7割正解だったからよしとしよう」とか、「ここは自信がなかったけど、やっぱり間違えたか」などのような感想で終わってしまうと、フィードバックとしては不十分である。「不正解だった3割はなぜ間違えたのだろうか。もう一度テキストを読んで解いてみよう」とか、「やはり自分は曖昧に理解しているようだから、ここは友人に聞いてみよう」といった具合に、受け取った情報をもとに次の行動につなげてもらうためにするのが、本来ある

べきフィードバックである。したがって、課題に対するフィードバック方法というものを考えてみると、採点して返却する以外にもある。たとえば、採点した課題を返却するのではなく、解説を配布するのもよいだろう。そうすれば、学生は自分で採点し、間違えたところは解説を読んで理解しようとするだろう。それでも理解できない場合は、友人や先生に聞きに行くかもしれない。

　また、ここで言うフィードバックには、教員から学生へのそれだけでなく、学生同士、そして学生から教員へのフィードバックも含まれる。学生から教員へのフィードバックは、実践している人も多いかもしれない。授業時の学生の反応や課題の出来具合などを見て、授業の進行速度や進め方を修正したり、あるいは追加の資料を提示したりすることである。

　それから、学生同士のフィードバック機能には興味深いものがある。これは、私自身は新型コロナウイルス禍（以下、コロナ禍）に入ってから気がついた点だ。以前から、大学の授業におけるフィードバックの少なさというものは、各種学生調査などで明らかにされていた。すなわち、教員からのフィードバックがない授業は、珍しくなかったということだ。コロナ禍以降、オンライン授業が一斉に導入され、全国でそれに対する学生調査が行われた。それらの結果を見ると、不満としてよくあげられるものの一つは、フィードバックの少なさだった。フィードバックの少なさは、おそらくこれまでよりも強い不満となって表れている。いったいなぜなのか。これは私の推測となるが、対面で授業を行っていたときは、授業後の受講生同士で行う会話が、ある程度のフィードバックとして機能していたのではないだろうか。教員からのフィードバックが少ない分、受講生同士で情報交換することで、それを補っていたのではないか。そして、オンライン授業になると、授業後に他の受講生と会話することなく終了するので、教員からのフィードバック不足を補えずに、強い不満として表れたのではないだろうか。

3.　アクティブラーニングと多様な他者との学び合い

　ここで、本書のねらいでもある多様な背景をもつ他者との協同、学び合いの意義について考えるため、アクティブラーニングとの関係について言及してお

こう。結論を先取りすれば、アクティブラーニングには、多様な他者との学び合いがきわめて重要であり、それこそが本質であるとさえ言ってよい。

これまで述べてきたように、アクティブラーニングは、主体的な学びのことであり、教員中心授業ではなく学習者中心授業のことを指す。学習者は、教員が設定した授業の到達目標に向かって主体的に学び、教員は学習者の学びを支え、促進する。たとえば、知識をインプットして暗記するだけの学びであれば、学習机に向かって一人で勉強していてもできるかもしれない。一方で、多様な他者との学び合いは、学びの幅を広げ、より深めることができる。すなわち、学びの過程とその結果のどちらにおいても、一人で学ぶことよりも他者との学び合いが効果的なのだ。

もちろん、一人で学ぶと学習効果が低いということではないし、一人で勉強することも大切な学びである。たとえば、授業中に先生の話を聞き、そこから自分なりに考えを深めていくこともアクティブラーニングになる。また、わからないことを自分で調べ、一生懸命考え抜いた結果がたとえ間違えていたとしても、主体的な学びをしたと言えよう。

大学生からの学びとしての大きな特徴は、正解が一つではない、あるいは正解がない問いへの取り組みである。そのような学びにおいては、他者との学びが意義深く、他者から学べることも大きい。他者と協同で何かに取り組むと、他人のペースに合わせたり、自分の意見が通らなかったりと、思うように進まないことも多い。そのため、一人で勉強した方が気楽でよいと感じることもあるだろう。

しかし、多様な他者との学びにおいては、自分のもっていなかった視点や発想、ものの捉え方などに出会い、世の中にはこのような人もいるのかという経験を積むことができる。そして、自分がそれまで井の中の蛙であったということに衝撃を受けるのである。特に、それまでの学校教育で気の合う友人とばかり一緒に過ごすことが多かった人にとっては、その衝撃は大きいだろう。

このような経験がアクティブラーニングをより促進することは、言うまでもない。主体的に学ぶことの意義、楽しさを実感することで、さらにそれを求めるようになる。社会に出てから求められる力というのも、まさしくこういった力で、たとえば、わからないことはインターネット検索で調べてよしとするの

ではなく、自分で考えたり、他者と話し合ったりしながらものごとを進めていく主体性である。

　以上のように、アクティブラーニングにとって多様な背景をもつ他者との協同、学び合いというのは、重要な構成要素であると同時に、それがまたアクティブラーニングを促進する役割を果たすという関係性にあるのだ。

4. オンライン授業導入による変化と展望

　最後に、コロナ禍以降のオンライン授業の導入による変化と今後の展望について触れておきたい。

　コロナ禍以前は、オンライン授業と言えば代表的なのは反転授業だった。反転授業とは、事前にオンデマンドコンテンツ等で予習を行い、授業時はディスカッションや演習問題などアウトプットを中心に行う形式の授業で、アクティブラーニング授業としても注目されていた。コロナ禍以降も、このようなかたちでオンライン教材を活用することは有益である。しかし、それ以外の可能性もいくつか生じてきたので、ここで紹介しておきたい。

　学生の主体的な学びを促すうえで、オンライン教材は確かに有効である。コロナ禍以前であれば、オンライン教材を作成するとなると、専門職員の協力を得ながら、専用スタジオへ出向いて撮影を行うのがよくある手順だった。私の経験を言うと、グリーンバックと呼ばれる背景紙の前に立ち、プロンプターに投影されるスライドを見ながら、撮影スタッフに囲まれて緊張しながら収録を行ったことがある。間違えたり、納得できなかったりするとやり直しはできるものの、何度もやり直すのは申し訳なく、自分のペースでできるものではなかった。撮影後の編集も専門スタッフが行うので、コンテンツづくりをしようと気軽に思えるものではなかった。

　しかし、コロナ禍以降は、必要に迫られて自分でオンライン教材を作成する教員が増えている。私の場合は、予習用教材と復習用教材を作成するようになった。予習用教材は、自分でカメラをセットしてスライドを見ながら撮影し、その映像とスライドの録画映像をあとから編集ソフトで合成している。一人で撮影するので、プレッシャーを感じずにできる。何度失敗しても編集ソフ

トで簡単にカットできるし、編集時に説明不足に気づいた場合であっても、撮影をやり直すのではなく、映像に字幕をつけて補足できるので、リアルタイムの授業よりも、わかりやすい講義として出来上がる。復習用教材は、主に講義形式の授業で作成している。こちらの方が作成は簡単で、Zoomで配信している講義を録画し、授業後にZoomの録画映像をダウンロードして、不要な部分を編集ソフトでカットするだけである。

　予習用教材がアクティブラーニング授業に使えるのは先に述べたとおりだが、復習用教材も学生の役に立っている。私のように講義映像を後から見られるようにするだけでも、意外と学生は見ている。欠席した学生が見ていたり、授業で聞き逃した箇所を見返したり、試験前に復習したりと、さまざまに活用されている。すでに説明したように、授業内容が理解できないと、学習意欲を喚起・維持するのは難しい。したがって、授業中に理解できなかったことであっても、あとからいつでも何度でも授業映像を使って勉強してもらえるのは、授業担当教員にとっても良いことである。

　リアルタイムのオンライン授業に関しては、コロナ禍が落ち着いた後どのようになっていくか現時点では不明だが、授業内容等の特性に応じて継続してもよいだろう。なぜなら、さまざまな理由で通学できない学生や、オンラインの方が集中できてよいといった学生もいるので、対面受講とオンライン受講を選択肢として提示し、学生に自ら受講形態を選ばせてもよいだろう。

　学習にはさまざまなかたちがあってよい。大切なのは、学習形態よりも学習者が主体的に学べるかどうかの方である。教室という場に学生を集めて一斉に授業を行うというのは、非常に効率的であり、これまで学校教育において採用され続けてきた。しかし、コロナ禍をきっかけとして、オンライン授業が一斉に導入された結果、教員も学生も多くの利点を見出しているのは事実である。オンラインを活用しても学生は主体的に学び、期待する学習効果も得られるというのであれば、学生に対面受講を強制する必要はないのではないだろうか。

　私の場合、演習科目ではオンライン教材の活用は続けても、リアルタイムの授業は可能な限り対面で実施したいと考えている。しかし、講義科目は対面でもオンラインでもどちらでも受講できる形式を継続したい。対面だけのときと

比べて、授業中や授業後の質問が増え、授業が活発になったし、欠席者が減って学生の理解度が向上したというのが大きな理由だ。対面時は、大人数講義科目でアクティブラーニングの実践に苦労していたが、ハイブリッド形式をとる今では、自信をもってアクティブラーニング授業だと言える。

　これまで述べてきたように、アクティブラーニングを真剣に推進するのであれば、学習者を中心に考えた授業を実践していかねばならない。コロナ禍によるオンライン授業の導入は一つのきっかけにすぎないが、良い転機であることに違いない。対面かオンラインかの二元論ではなく、学生の主体的な学びを促す授業を実践するためにどうすることが最適なのか、教育効果などさまざまな側面からしっかりと議論し、より良い学生教育に向かって進むことを切に願っている。

🧠 考えてみよう

1. みなさん自身がアクティブラーニングをしている授業とそうでない授業を比較し、授業の構成や自身の学習態度等でどのような違いがあるのかを考えてみよう。
2. ある授業において一人で勉強することと、他者と一緒に話し合いながら勉強することを比較し、それぞれの良い点をあげよう。また、他者と学び合うことの意義について自分の考えをまとめてみよう。
3. MOOC（Massive Open Online Course）やYouTubeなどの広がりによって、大学で学べる知識の一部は、誰でも簡単に獲得できる環境が整っている。それでもなお、大学の授業のように指定された時間に指定された場所で、他の受講生と一緒に授業を受ける意義とは何だろう。みなさんが有意義な大学生活を送るためには、どのような授業形態が望ましいか考えてみよう。

📖 ブックリスト

1. 溝上慎一（2014）『アクティブラーニングと教授学習パラダイムの転換』東信堂
2. 松下佳代（2015）『ディープ・アクティブラーニング』勁草書房
3. 杉江修治（2016）『協同学習がつくるアクティブ・ラーニング』明治図書
4. スーザン・A・アンブローズ，マイケル・W・ブリッジズ，ミケーレ・ディピエトロ，マーシャ・C・ラベット，マリー・K・ノーマン（栗田佳代子 訳）（2014）『大学における「学びの場」づくり』玉川大学出版
5. 溝上慎一（2018）『大学生白書2018　いまの大学教育では学生を変えられない』東信堂

注記

1　1999年の大学設置基準改正でFDの実施は努力義務とされ、2008年の改正で義務化された。とはいえ実施することが義務とされただけで、全教員が何らかのFDトレーニングに参加すること自体が義務化されたのではない。そのため、もともと教育に熱心な人はそのような機会を積極的に利用して授業改善を行っているが、授業改善が必要で教育に無頓着な人ほどFDに参加せず、組織としての教育改善になかなかつながらないのは事実である。

2　大学教員が諸悪の根源だということではない。授業がしっかりできなくとも、研究で良い成果を出している人も多いだろう。一般的に私たち大学教員は、研究者としてのアイデンティティが強い。また、学内でも世間的にも、教育業績より研究業績の方が評価されやすい。教育が苦手な研究者に対し、トレーニングを積ませて授業改善を図るのもよいが、授業負担をなくして研究に集中させてもよいのではないだろうか。私としては、給与体系を柔軟にして役割分担を行った方が、大学としての教育、研究成果にとってもよいのではないかと考えている。

3　大学でアクティブラーニングが叫ばれているもう一つの要因として、働き方や雇用形態の変化があげられる。終身雇用制度の見直し、非正規雇用の増加などの影響もあり、企業が新卒社員に対して求める能力は変化している。経済産業省は、2006年に社会人基礎力という概念を提唱している。大学生が社会人基礎力を身につけるような正課、正課外活動を支援し、普及する補助金プロジェクトも実施している。企業においても、新入社員をじっ

くり育成していくというよりも、ある程度の即戦力や社会人基礎力を身につけた人材を大学で育成することを求めるようになっている。

4　アクティブラーニングは日本発祥の用語ではない。早くはボンウェルとエイソン（Bonwell & Eison, 1991）で定義づけされており、2000年代からしばしば学術論文で登場するようになった。詳しくは溝上（2014）を参照のこと。

5　授業時における学生の私語に対しては、注意している教員も多いだろう。学生の私語は、周りの受講生の集中力にネガティブな影響を与える大きな要因の一つであり、やめさせるべき行為である。しかし、授業を中断して学生を注意するという行動それ自体も、ネガティブな影響をもたらすことがある。すなわち、授業をしている自分自身の気分を下げ、言い方によっては教室の雰囲気を悪くしてしまう。実際、授業への没頭度にネガティブな影響を与える要因としてあげる学生もいる。

　そのため、居眠りやスマホいじりに対しては、声に出して注意することをためらう教員もいることと思う。しかし、アクティブラーニング授業を実践するという観点から言えば、授業中は居眠りやスマホいじり、そして私語をする学生は出ないようにすべきである。もし、そのような学生がいることに困っている場合は、私語や居眠り、スマホいじりは他の受講生に迷惑をかけるということを全員に説明したうえで、ルールを設定することを勧めたい。たとえば、授業に関係ない私語は教室から退室させ欠席扱いとする、スマホは鞄の中にしまうこととし、見つけた場合は授業が終わるまで没収とするなどが考えられる。また、他の受講生の受講態度が気になる学生は前に座るよう促すのもよいだろう。試しに、前方に座っている学生にその理由を聞いてみると、他の受講生が気になるからと答える学生が一定数いることに気がつくだろう。

引用文献

・溝上慎一（2014）『アクティブラーニングと教授学習パラダイムの転換』東信堂
・Bonwell, C. C. & Eison, J. A. (1991) *Active Learning: Creating Excitement in the Classroom.* ASHE-ERIC Higher Education Report No.1

あとがき

　この本の出版について具体的な話し合いが始まったのは、いまから約2年前のコロナ禍の真っ只中でした。大学の教育現場で対面授業からオンライン授業への切り替えを余儀なくされ、最初は戸惑っていた教員も学生も、現状への発展的な適応方法を必死に模索していたころです。「協働学習」「異文化交流」「アクティブラーニング」を通した「多様性の活用」に主軸を置く「多文化交流科目」においても、自由な交流や協働的な作業が難しい中で、それぞれの授業で追求してきた「多様性」をどうやって具現化していくのか、私たち教員には新たな宿題が課されることとなりました。この本は、その宿題に向けての私たちの振り返りの一端とも言えるものです。

　残念ながら、新型コロナウイルスの脅威は2023年が始まろうとしているいまも続いています。そして、私たちはいま、人とのつながりや交わりが制限され、コミュニケーション手段にも制約が多い「ニューノーマル」と呼ばれる時代を生きています。こういう時代だからこそ、多様な他者と学ぶ教室、その多様性を活かす活動が大学教育により求められると考えます。本書は、それぞれの教室で、異なる社会的背景や言語、価値観などをもつ学生同士が、互いの違いをどう活用しつつ到達目標に向かっていくのかを、実際の授業内容をもとにまとめています。「多様性」に関する抽象的な議論にとどまらず、実際の教室活動における多様性の活かし方を具体的に示し、実践の様子がよりイメージしやすいように努めたつもりです。この本を手に取ってくれた教員と学生の教育と学習に本書が少しでもお役に立てばと願っております。

　それぞれ「高等教育における『多様性』を活かした授業実践」に積極的に取り組んできた本書の執筆陣ですが、実を言うと、各自の専門分野や研究テーマにはまったくと言っていいほど共通点がありません。だからこそ、本書を出版する意義もあるわけですが、出版を準備する過程では、編者と執筆者の間でゴールに対するイメージにズレがあったり、当初考えていたのと少し異なる内容でまとめられたりしていて、試行錯誤も少なからずありました。そのた

め、私たち編者にとっても本書は、「多様性」を捉える観点のさまざまなアプローチの仕方をあらためて学ぶ貴重な機会になったと考えています。編者らの半ば熱意先行の取り組みに辛抱強くお付き合いくださった執筆者の方々のおかげで、なんとか出版までこぎ着けることができたと実感しております。この場を借りて、貴重な原稿を預けてくださった執筆者のみなさまに心から感謝いたします。最後に、この本の企画を最初の段階から前向きにご検討くださり、一冊の書籍としてこの世に出られるようにご尽力くださった明石書店の神野斉さま、そして編集作業をご担当くださった小山光さまにもお礼を申し上げます。

2022年12月12日

編著　青木麻衣子・鄭惠先

索　引

英語

CoSTEP　61, 64, 65, 69, 77, 79
OPI（Oral Proficiency Interview）　92, 95-97
SDGs　10, 13, 18, 19, 24, 26-28, 36, 41, 56
STEM　63
World Englishes　111, 112, 124, 137

あ行

アイディア　48, 51-53, 176, 189, 202, 203, 209
アクター　13, 20, 21, 25, 27, 62
アクティブラーニング　131, 134, 213-215, 217-219, 222-228
アート　65, 66, 79
アルヨことば　119, 120, 132, 133
意識化　23, 46, 51, 53-55, 83, 84, 87, 92, 96-100, 106, 174, 180
位相　115, 118
異文化　6, 8, 9, 11, 35, 39, 41, 44, 45, 49, 56, 89, 121, 130, 137, 162, 165, 166, 171, 172, 174, 178, 179, 182, 187, 188
異文化マネジメント　39
意味空間　144
意味交渉　194, 196
インクルーシブ教育　10, 17
インターアクション　24, 124, 138, 195-197, 209
インタビュー　68, 152, 153, 159, 160
英語の三つの同心円モデル　125
オーストラリア　10, 47, 125, 146, 148, 158
オンライン　6, 14, 69-71, 75, 77, 78, 100, 129, 131, 132, 176, 224-226

オンライン授業　18, 27, 59, 70, 93, 94, 151, 213, 222, 224-226

か行

外国人　8, 14, 17-19, 25-27, 34, 45, 51, 55, 95, 115, 120, 121, 126-129, 133, 137, 155, 156, 166, 180, 182, 186-194, 196-198, 210
解釈　8, 103, 104, 144, 145, 176
科学技術コミュニケーション　11, 59, 60-68, 77-80
科学者の行動規範　157
科学リテラシー　88, 93, 102-104
学習環境　7, 14, 16, 188, 219
学習者中心授業　213, 218, 223
学習者の多様性　39, 204
可視化　19, 51, 52, 71, 79, 84, 92, 94, 101, 103, 106, 107, 131
カーター、ジェフリー（Carter, Jeffrey）　149
課題解決　38, 194, 204, 205, 207, 208
カチュル、ブラジ（Kachru, Braj）　125
カルチュラル・スタディーズ　150
観察　14, 94, 121, 124, 135, 144, 145, 152-156, 159-161, 207, 214, 221
感じながら考える　33, 45, 46
寛容　22, 33, 36, 42-44, 48, 53, 54, 128
教員養成　11, 24, 188, 198
境界　147, 148, 150, 163, 169, 178
教師教育　188, 198, 207-210
教師研修　200
共生　49, 128, 175-178, 182, 186-188, 208　⇒多文化共生も参照
協働　6, 9, 33, 36, 45, 47-52, 54, 55, 78, 84, 85, 129-131, 134-136, 143, 152, 154, 157, 162,

編者紹介

青木麻衣子（あおき　まいこ・6章）
北海道大学高等教育推進機構・准教授
北海道大学大学院国際広報メディア研究科単位修得退学、博士（国際広報メディア）
職歴：日本学術振興会特別研究員を経て現職
専門：比較教育学、オーストラリアの教育
・青木麻衣子・佐藤博志(編著)（2020)『オーストラリア・ニュージーランドの教育──グローバル社会を生き抜く力の育成をめざして（第三版）』東信堂
・青木麻衣子（2015)「オーストラリアの大学における学生の多様な背景を活かす授業デザイン」伊井義人(編著)『多様性を活かす教育を考える七つのヒント──オーストラリア・カナダ・イギリス・シンガポールの教育事例から』共同文化社，pp.96-117
・青木麻衣子（2008)『オーストラリアの言語教育政策に関する研究──多文化主義が内包する「多様性」と「統一性」の揺らぎと共存』東信堂

鄭　惠先（ちょん　へそん・5章）
北海道大学高等教育推進機構・教授
大阪府立大学大学院人間文化学研究科博士後期課程修了、博士（学術）
職歴：長崎外国語大学助教授を経て現職
専門：社会言語学、日韓対照言語学
・鄭惠先（2020)『日本語人称詞の社会言語学的研究』日中言語文化出版社
・鄭惠先（2018)「映像メディアの翻訳過程で見られるキャラクタの再創出──日韓・韓日翻訳における言語的変形をもとに」『国際広報メディア・観光学ジャーナル』27，pp.3-15
・鄭惠先（2007)「日韓対照役割語研究──その可能性を探る」金水敏(編著)『役割語研究の地平』くろしお出版，pp.71-93

各章執筆者紹介

永岡悦子（ながおか えつこ・1章）
流通経済大学流通情報学部・教授
早稲田大学大学院日本語教育研究科博士後期課程満期退学、博士（日本語教育学）
職歴：長崎外国語大学、早稲田大学日本語研究教育センターを経て現職
専門：日本語教育学
・永岡悦子（2022）『大学大衆化時代における日本語教育の役割と可能性——グローバルシティ
　ズンシップの育成をめざした研究と実践の試み』流通経済大学出版会
・永岡悦子（2021）「外国人留学生が求める資質・能力に関する一考察」早稲田大学日本語学会
　（編）『早稲田大学日本語学会　設立60周年記念論文集 第2巻　言葉のはたらき』ひつじ書房，
　pp.363-379
・永岡悦子（2019）「中規模大学　留学生担当教員が抱える問題意識から見えるもの」宮崎里司・
　春口淳一（編著）『持続可能な大学の留学生政策——アジア各地と連携した日本語教育に向けて』
　明石書店，pp.47-67

髙橋　彩（たかはし あや・2章）
北海道大学高等教育推進機構国際教育研究部・教授
Royal Holloway, University of London博士課程修了、PhD
職歴：いわき明星大学、北海道大学留学生センター、佐賀大学国際交流推進センターなどを経て
現職
専門：国際教育、留学生教育、社会史
・髙橋彩（2020）「歴史空間論的に捉える大学の国際化——国立大学『留学生センター』からの
　眺め」『留学生交流・指導研究』Vol.23，pp.65-79
・Aya Takahashi (2004) *The Development of the Japanese Nursing Profession: Adopting and Adapting
　Western Influences*, London: RoutledgeCurzon

奥本素子（おくもと もとこ・3章）
北海道大学大学院教育推進機構オープンエデュケーションセンター CoSTEP・准教授
Northumbria University, MA Museum, Gallery and Heritage Management修了、総合研究大学
院大学文化科学研究科メディア社会文化専攻で博士号を取得、博士（学術）
職歴：総合研究大学院大学学融合推進センター助教、京都大学高等教育研究開発推進センター特
定准教授を経て現職
専門：サイエンスコミュニケーション、博物館学、科学教育
・奥本素子・種村剛（2022）『まだ見ぬ科学のための科学技術コミュニケーション』共同文化社
・奥本素子（2018）「場の語りがもたらす双方向の科学技術コミュニケーション」『科学教育研究』
　42(2)，pp.131-139
・奥本素子（2014）『おしゃべり科学 ひと晩で理系になれる最先端科学講義集』カンゼン

朴　炫貞（ぱく ひょんじょん・3章）

北海道大学大学院教育推進機構オープンエデュケーションセンター CoSTEP・特定講師

韓国芸術総合大学映像院卒業、武蔵野美術大学大学院博士前期課程デザイン専攻映像コース修了、武蔵野美術大学大学院博士後期課程環境形成研究領域で博士号を取得、博士（造形）

職歴：北海道大学 CoSTEP 特任助教を経て現職

専門：アート、科学技術コミュニケーション、映像ワークショップ

・仲居玲美・朴炫貞（2021）「綿毛を取り扱うアート作品を通じた生命の表現について」『科学技術コミュニケーション』28，pp.39-47

・奥本素子・朴炫貞・一條亜紀枝・越後谷駿・好井優衣・堤光太郎（2018）『「札幌可視化プロジェクト」を可視化する──アートで見る科学技術コミュニケーション』北海道大学高等教育推進機構オープンエデュケーションセンター科学技術コミュニケーション教育研究部門（CoSTEP）

・朴炫貞・久保田晃弘・大鐘武雄・原島博・小町谷圭（2017）「パネルディスカッション：電波と共に描く未来（小特集　北海道大学 CoSTEP シンポジウム　手のひらから宇宙まで：電波が創発するコミュニケーション，そしてアート）」『科学技術コミュニケーション』(21)，pp.139-152

小林由子（こばやし よしこ・4章）

北海道大学高等教育推進機構国際教育研究部、大学院国際広報メディア・観光学院・教授

北海道大学大学院文学研究科行動科学専攻修士課程修了、修士（文学）

職歴：北海道大学留学生センター講師・助教授・准教授を経て現職

専門：教育心理学（メタ認知・動機づけ）、日本語教育

・小林由子（2018）「JFL 環境における日本語学習者を対象とした内発的動機づけ研究の可能性──香港における日本のポピュラーカルチャーをきっかけとする学習者の検討から」『国際広報メディア・観光学ジャーナル』27，pp.157-172

・小林由子（2016）「日本語学習研究における内発的動機づけの再検討」『北海道大学国際教育研究センター紀要』20，pp.81-92

・小林由子（2001）「認知心理学的視点」青木直子・尾崎明人・土岐哲（編）『日本語教育を学ぶ人のために』世界思想社，pp.56-71

式部絢子（しきぶ あやこ・7章）

北海道大学高等教育推進機構国際教育研究部および北海道教育大学札幌校国際交流・協力センター非常勤講師、北海道秩父別町多文化交流コーディネーター

早稲田大学大学院日本語教育研究科修了、修士（日本語教育学）

職歴：独立行政法人国際交流基金ケルン日本文化会館等を経て現職

専門：地域日本語教育

・式部絢子・込宮麻紀子・舘岡洋子（2021）「ちっぷ 100 人サミット『町のありたい姿』から考える外国人材受け入れ」舘岡洋子（編）『日本語教師の専門性を考える』ココ出版，pp.249-262

小河原義朗（おがわら よしろう・8章）

東北大学大学院文学研究科日本語教育学専攻・教授

東北大学大学院文学研究科博士課程修了、博士（文学）

職歴：国立国語研究所日本語教育センター研究員、北海道大学留学生センター助教授などを経て
現職

専門：日本語教育学

・小河原義朗・木谷直之（2020）『「再話」を取り入れた日本語授業　初中級からの読解』凡人社
・小河原義朗（2015）「多文化交流科目を中心とした日本語教育のカリキュラム改編」『留学生と
　日本人学生がともに学ぶ「多文化交流科目」を考える』北海道大学国際本部留学生センター
　ブックレット1，pp.83-96
・河野俊之・小河原義朗（2006）『日本語教師のための「授業力」を磨く30のテーマ。』アルク

山本堅一（やまもと けんいち・9章）

北海道大学高等教育推進機構・准教授

北海道大学大学院経済学研究科修了、博士（経済学）

職歴：追手門学院大学教育開発センター研究員、北海道大学高等教育研修センター特任准教授を
経て現職

専門：大学教育論

・山本堅一（2018）「授業への没頭度を説明する理論──総学習動機量説の提唱」『高等教育
　ジャーナル』25，pp.63-68
・山本堅一（2017）「学習動機の多様性──アクティブラーニング型授業における鍵要因」『高等
　教育ジャーナル』24，pp.185-190

国際共修授業
――多様性を育む大学教育のプラン

2023年3月30日　初版第1刷発行

編著者	青 木 麻 衣 子
	鄭 　 惠 　 先
発行者	大 江 道 雅
発行所	株式会社 明 石 書 店

〒101-0021 東京都千代田区外神田6-9-5
電　話　03 (5818) 1171
ＦＡＸ　03 (5818) 1174
振　替　00100-7-24505
https://www.akashi.co.jp

装　丁	金 子 　 裕
印　刷	株式会社文化カラー印刷
製　本	協 栄 製 本 株 式 会 社

（定価はカバーに表示してあります）
ISBN978-4-7503-5543-6